思考の学校　校長
大石洋子

7
なりたい私に
なれるワーク

YOU CAN BE
THE BEST VERSION OF
YOURSELF IN 7DAYS

Yoko Oishi

あさ出版

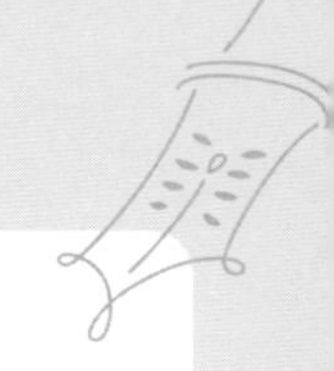

はじめに

誰もが、自分の未来は明るいものであってほしいと思うでしょう。

今、あなたは、「現実ってそうそう甘くないよ〜」と思われなかったでしょうか？

私もかつては、ずーっとそう思ってきました。

しかし、実はとっても現実は甘かった！

私に対して世界はとても優しかったのです。「思考の仕組み」を知ったことで、私はそのことに気づきました。


「あー、この人はおめでたくていいね。はいはい」と思われた方もいらっしゃるかもしれません。

本書は、そんなあなたのために書きました！


これからの7日間、ちょっとだけいつもと違ったことをしてみませんか？

「おめでたい」私と一緒に、簡単なワークをしてみませんか？
きっと、7日後にはあなたも「おめでたく」なっています。
自分のすごさに気づき、さらにあなたの人生を丸ごと愛せるようになっちゃいます。

人生は、楽しむためにあるのです。

「人生は楽しむためにある」ということを当たり前に信じられるようになった時、あなたはすーっと〝なりたい私〟になっているはずです。

思考の学校 校長　大石洋子

プロローグ

はじめまして、思考の学校 校長の大石洋子です。

まずは、本書をお手に取っていただき、ありがとうございます。

突然ですが、今、あなたは何かに悩まれていませんか？

漠然としたことでも、具体的なことでも、私たちは日々、悩みや不安、焦りなど、ネガティブな感情を抱いているもの。しかし、それは決して悪いことではありません。

人とは、そういうものだから。


ワークに入る前に、まずは私の自己紹介を簡単にさせていただきます。

【自己紹介】

大石洋子（おおいし・ようこ）

1974年、横浜中華街のそばで生まれる。父、母、妹の4人家族。30歳で北海道に嫁ぎ、息子を授かる。仕事で、子どもの右脳を育てる教育に携わっていたことから、子育てには自信があったが、実際やってみると全く上手くいかない。夫が忙しく、ワンオペ育児になった結果、産後鬱（うつ）になる。誰にも頼れない、追い詰められた状況から逃げ出すために、出産前に自宅で行っていたアロマサロンを再開。しかし、業務に追われてより一層追い詰められ、人生は八方塞（ふさ）がりに……。

39歳の時に逃げるように関東に出戻るものの、何もかも上手くいかない日々が続く。ある日、偶然見つけた『100%自分原因説で物事を考えてみたら……』（秋山まりあ・パブラボ）によって「思考の仕組み」を知り、感銘を受け、自分の思考を見つめ直した結果、スルスルと現実がよい方向へ変化していった。その経験と学びから、現在は多くの方に「思考の仕組み」を知ってもらうために、思考の学校を起ち上げ、活動をしている。

さて、ざっと自己紹介をさせていただきましたが、思考の仕組みを知るまで、私にとっては大変しんどい人生を送ってきました。

本書を読んでくださっている方の中には、

「いやいや、これくらいどうってことないでしょう」

「私のほうがつらい」

などという方もいらっしゃるでしょう。

人はそれぞれ、つらさや苦しみを持って生きています。

そんな状況をスルスルとよい方向へ変えてくれるのが、「思考の仕組み」を知ることなのです。

まずは思考の仕組みについて、簡単にお話ししましょう（詳しい内容は、7日間のワークと一緒にお伝えします。ここでは全体像を知ることを目的としています）。

意識の種類と現実との関係

突然ですが、人は1日に何回思考していると思いますか？

なんと、6万回なんです！


「6万回って本当？」

「そんなに考えていないよ」

などと思われる方もいらっしゃるでしょう。


私たちは、意図的に思考することもありますが、無意識のうちに何かを考えていることもたくさんあります。

「今日のご飯は何にしよう」

「トイレットペーパーが切れていたなー買っておかなくちゃ」

「ピンクのワンピースと黄色のブラウス、どっちにしよう」

など、実にさまざまな思考をしているのです。


思考には、**顕在意識で行うもの**と**潜在意識で行うもの**の2種類があります。

顕在意識は私たちが普段認識できている意識、潜在意識は認識できていない意識です。潜在意識は意識の約95%を占めており、潜在意識の中に潜んでいる思考が私たちの現実を形づくっています。顕在意識で思ったことや考えたこと（まとめて〝思考〟とします）が全部、潜在意識に蓄積されます。そして、潜在意識に一定量溜まった思考が、現実化するのです。

たとえば、潜在意識に「ケーキが食べたい」という思考が溜まるとケーキをいただくことになったり、「試験に合格する」と思い続けていたら試験に合格したり、「あの人、嫌い！」と思い続けていたらその人が目の前に現れたり……。

このように、よいことも悪いことも、**あなたの思考が創り出している**のです。

思考の学校の講座でこのお話をすると、必ず「潜在意識に思考が溜まるって言われても……。どうすればいいの？」という質問を多くの生徒さんからいただきます。

しかし、実はみなさん、日常において潜在意識に溜まっている思考を目の当たりにしています。それは、**夢**です。

1日にしている約6万回の思考は、寝ている間にあなたの潜在意識にインストール

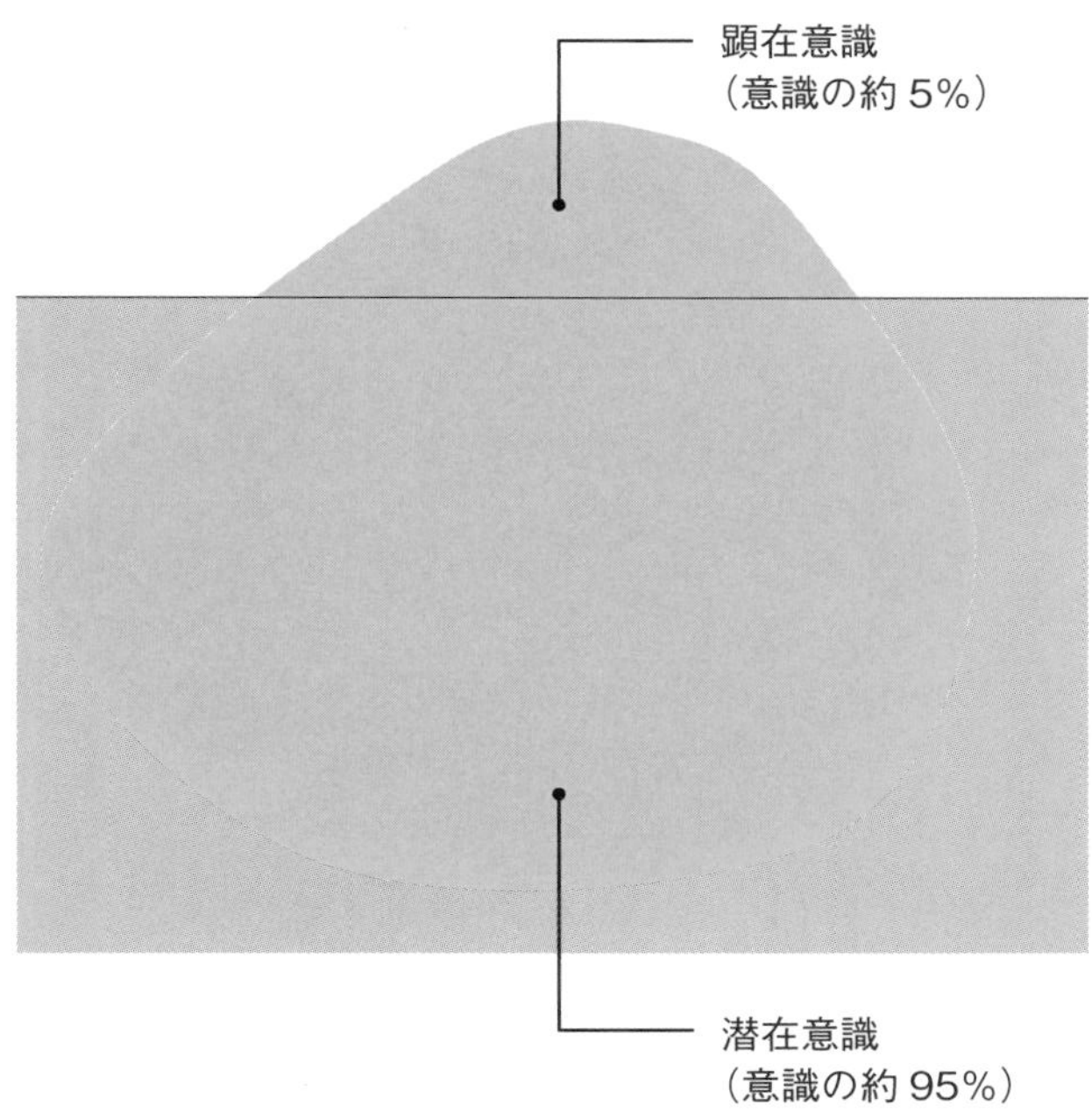

図1　顕在意識と潜在意識はよく氷山にたとえられる

されています。潜在意識には、あなたが今まで思考してきたことがすべて積み重なって、保存されているので、ぐちゃぐちゃした状態です。

夢は、さまざまな場面に飛んだり、辻褄が合わなかったり、あらゆる人が出てきたりと、いろいろなことが起こりますが、まさに潜在意識の世界なのです。

さらに潜在意識には、**「主語が分からない」**という特徴があります。

つまり、誰かに対して思っていることも、自分に対して思っていることも、潜在意識の中では同じこととして認識されるのです。

日々、寝ている時にインストールされ続けている思考が、**潜在意識に溜まり、一定の量になるとその思考は現実化します。**

さらに、潜在意識に溜まった思考の量（以下、思考の量とします）によって、現れ方は異なります。思考の量が少ないとあなたの遠くで、思考の量が多いとあなたの近くで現実化するのです。

このように、あなたの望みや願い、夢を叶えて「なりたい私」になるためには、潜在意識に「なりたい私」に関する思考を一定量溜めて、現実化させる必要があるのです。

この時、顕在意識と潜在意識の間に乖離（かいり）があったり、ギャップが大きかったりすると、私たちは思いどおりの人生を送れていないように感じてしまいます。その結果、苦しんだり、悩んだりするのです。

特に、幼少期（0～6歳くらい）の思考が潜在意識にベースとして溜まっています。そのため、あなたの望みや願い、夢などの思考を現実化させるためには、幼少期の思考がキーになります。

このことについては、本書の後半で詳しくお話ししましょう。

反対に、顕在意識と潜在意識が同じ思考をしていると、思考の現実化は早まります。つまり、潜在意識に溜まっている思考を明確にし、顕在意識で行っている思考と合致させることで、意図的に思考の現実化を早めることができるようになるのです。

＊＊＊

「思考の仕組み」について、なんとなくお分かりいただけたでしょうか？

本書では、今、目の前にある現実を対処療法ではなく、根本から変えるため、または同じような嫌な体験を繰り返さなくて済むようにするために、潜在意識の存在を知り、コンタクトを取れるようになる7日間で取り組む楽しいワークをご用意しました。
これは、私がカウンセリングやヒーリングの仕事を10年以上行ってきたことで分かった、多くの人がハマって抜け出せなくなっている嫉妬や被害者意識、攻撃思考、焦りなどの思考パターンを、できるだけシンプルな方法で改善できるように考えました。日頃から行えるように、どれもできるだけ簡単にしています。
ぜひ、目の前にある困った現実を変えるために、じっくりとワークに向き合っていただけたら嬉しいです。

ワークをしていただくうちに、だんだん次のような変化が生まれます。

⬅ 思考が現実化する仕組みが分かるようになる
⬅ どうやって問題や悩みを解決したらよいのかが分かるようになる

自分のことが前より、もっともっと好きになる

⬅

自分のことを前より、もっともっと信頼できるようになる

⬅

「なりたい私」になれる

毎日ちょっとずつ自分と仲良くできるようになって、心から自分を愛しいと思えるようになり、実際に「なりたい私」になれるすごい7日間を体験していただきます！

実際にワークに取り組んで素晴らしい体験をされた方々の事例もご紹介していきます。

7日後のあなたは、きっと笑顔でピカピカに輝いているはず。

では、さっそく一緒に楽しみましょう！

7日間でなりたい
私になれるワーク

CONTENTS

✦本書に登場する〝顕在意識ちゃん〟と〝潜在意識ちゃん〟について

「思考の仕組み」を知り、自分の思考を変えるには、潜在意識とコンタクトを取ることが重要です。

潜在意識とコンタクトを取るために、まずは潜在意識の存在を認めましょう。そして、自分の潜在意識と対話して、自分の思考を変えていくのです。

本書では、2つの意識をイメージしやすいように、「顕在意識ちゃん」「潜在意識ちゃん」として登場させています。

顕在意識ちゃんと潜在意識ちゃんのイメージは、人それぞれ。天使や少女、白髭(しろひげ)のおじいさん、光の玉、お花、湖、もう1人の自分、子どもの時の自分など、なんでもOKです。

ぜひ、あなたなりの顕在意識ちゃんと潜在意識ちゃんをイメージしてください。

Day 1

私が本当に欲しいものはなんだろう？

あなたはそれを、本当に叶えたいですか？

「あなたは今、何か叶えたい望みがありますか？」
「あなたの願いは叶わないと思っていないでしょうか？」

Ｄａｙ１では、あなたが叶えたいと思っている望みや願い、夢を明確にすることが目標です。

プロローグでお伝えしたように、人間の意識には、**顕在意識ちゃん**と**潜在意識ちゃん**がいます。

この２つの意識にはギャップがあるため、
「叶えたいと思っていたことが、本当は叶えたいと思っていなかった……」
ということが、潜在意識ちゃんの中で多々生じています。

Ｄａｙ１では、顕在意識ちゃんと潜在意識ちゃんについて詳しく知り、そのギャップに気づくためのワークをご紹介します。

２つの意識のギャップを知ることで、自分が本当に望んでいることが明確になり、「なりたい私」に近づきやすくなるのです。

顕在意識ちゃんと潜在意識ちゃんのギャップを知るためには、ワークを2つに分けて行う必要があります。

それでは早速、１つ目のワークをご紹介しましょう。

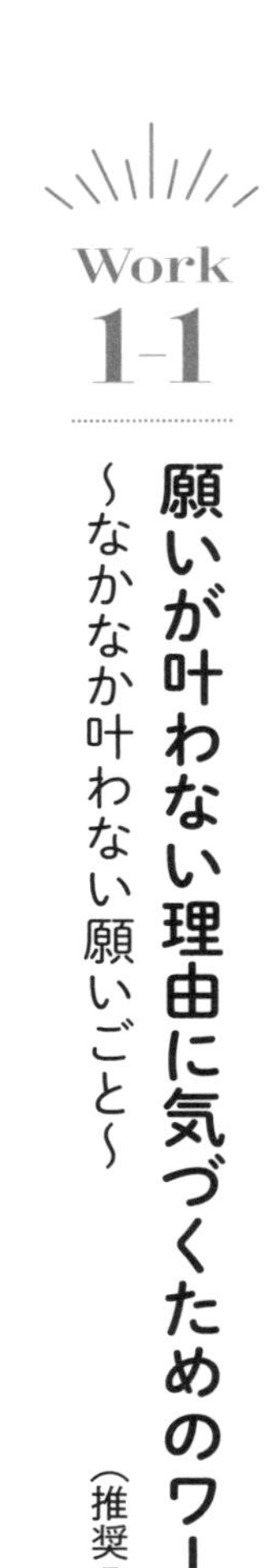

Work 1-1
願いが叶わない理由に気づくためのワーク
～なかなか叶わない願いごと～（推奨５分）

このワークでは、あなたの顕在意識ちゃんが抱えている問題を知っていただきます。顕在意識ちゃんが抱えている問題を知ることで、潜在意識ちゃんに溜まっている思考とのギャップを明らかにします。

〈用意するもの〉

・鉛筆、またはペン（何色でもＯＫです）
・Ａ４サイズの紙、またはＢ５サイズのノート

〈手順〉

・あなたが自覚している「なかなか叶わない願いごと」を、次の５つに分けて、それぞれ書き出します

1．人間関係（パートナーや、好きな人、親族、友人、会社の人など）について

例）彼氏が欲しいのに、なかなか好きな人に出会えない

2．仕事・スキルについて

例）何年も、資格取得のための勉強をしているのに、なかなか取得できない

3．お金について

例）貯金したいのに、出費が重なってばかりで全く貯金できない

4．家庭・家族について

例）いじめなどの問題はないけれど、息子がなかなか学校に行けない

5．その他（健康や、ダイエット、住まいなど）について

例）ダイエットを成功させたいのに、リバウンドを繰り返してしまう

✦ワークスペース

1．人間関係（パートナーや、好きな人、親族、友人、会社の人など）について

2．仕事・スキルについて

3. お金について

4. 家庭・家族について

5. その他（健康や、ダイエット、住まいなど）についていかがでしょうか？
書き出すことはできたでしょうか？
ではいったん、書き出していただいた〝叶わない願いごと〟は置いておきます。
まず、人間の2つの意識について、詳しくお話ししましょう。

顕在意識ちゃんと潜在意識ちゃんについて

私たちは、1日の中でさまざまなことを考えます。よいことを思う時も、悪いことを考えている時もあります。やさぐれたり、悲しくなったり、怒ったり、嬉しくなったり、優しい気持ちになったり。本当に、1日の中でいろいろなことを感じたり、思ったりしています。それらが全部、潜在意識ちゃんに溜まり、一定量溜まった時、その思考が現実化するのです。

この**「潜在意識ちゃんに思考が一定量に達した時に現実化する」**というのがミソ。

たとえば、最近思考したことがすぐ現実化したのであれば、「最近、このことをよく考えていたから現実化したんだな」と分かりやすいでしょう。

しかし、思考の量によっては現実化するまでに、タイムラグが生じます。何年も前になんとなく思っていたこと（思考）で、今の顕在意識ちゃんがすっかり忘れていても、ちょっとずつその思考が溜まっていて、ある日突然、「私、こんなこと思っていないのに！」という出来事として目の前に現れたりするわけです。

実は、昔に思っていたことがどんどん潜在意識ちゃんに溜まっていて、今頃になって現実化したので、それに気づけなかったということなのです。

顕在意識ちゃんと潜在意識ちゃんのギャップについて

世の中には、言っていることと、本音が違う人がいます。あなたの周りにもいらっしゃらないでしょうか？

もしかしたら、あなたがそうかもしれません。

私自身を振り返ってみても、口ではよいことを言っているのに、行動が伴っていなかったり、心の中ではひどい悪態をついていたり……、思考の仕組みを知る前はそんなことばかりでした。

「思考が現実化する」という言葉どおり、口ではどんなに素敵なことや、当たり障りのないよいことなどを言っていても関係ありません。心の中で「思った」ことがじゃんじゃん潜在意識ちゃんに溜まり、現実を創り上げていきます。

顕在意識ちゃんが「こうなりたい」「こうしたい」と思っていても、潜在意識ちゃんがそう思っていない場合、思考は現実化しません。
たとえば、「こうなりたい」「こうしたい」の理由を
・みんながそうしているから
・欲しくないけれど、それを持っていないとみんなにどう思われるか心配だから

・親ならこう言うだろうから

など、どんなに理論的に並べても、その根底、つまり潜在意識ちゃんには「いらない」という思考が溜まっているので、いくら顕在意識ちゃんが「こうなりたい」「こうしたい」と思っていても、現実にならないのです。

「その願いを叶えたい！」と、「その願いが叶ったら困っちゃう！」の両極端な思いを抱えている、まるでアクセルとブレーキを同時に踏んでいるような状態の時は、叶えたい思考と叶えたくない思考が拮抗（きっこう）しているので、潜在意識ちゃんも「どっち⁉」と、困ってしまいます。

思考の取り扱い方法さえ知っていれば、簡単に思考を変えることができます。きっと、本書を読み終えるまでには、思考の扱い方を摑（つか）めるようになっているはずです。

では、2つの意識のギャップについてお話しした上で、今度はあなたの潜在意識ちゃんに溜まっている思考を掘り下げるワークをご紹介しましょう。

願いが叶わない理由に気づくためのワーク（推奨10分）
～ギャップの埋め方～

このワークでは、Ｗｏｒｋ１−１で明らかにした「顕在意識ちゃんが抱えている問題」を見直し、潜在意識ちゃんに溜まっている思考とのギャップを埋めていきます。

〈用意するもの〉

・鉛筆、またはペン（何色でもＯＫです）

・Ｗｏｒｋ１−１で「なかなか叶わない願いごと」を書き出した紙、またはノート

〈手順〉

1．Ｗｏｒｋ１−１で書き出した「なかなか叶わない願いごと」を見直し、気づいたことを書き出します

2. 手順1でネガティブな思考に気づいたら、手順3に進みます
※ネガティブな思考に気づけなかったら、「なかなか叶わない願いごとがすぐに叶ったら、困ってしまうことがあるとしたらなんだろう？」と考えてみましょう
※ネガティブな思考が全くなかったら、「なぜ、願いごとがなかなか叶わないのか？」と考えつつ、まずは32ページ以降の事例を読んでみてください。また、誰かと一緒にワークを行うこともオススメです。

3. 手順2で気づいたネガティブな思考を、ただ受け入れます

✦ポイント
①自分のネガティブな思考を「ダメ・よい」などとジャッジせず、ただ「私はそう思っていたんだね。分かったよ」と、自分の気持ちを受け止める
②ネガティブな思考を認めるだけに留め、ポジティブに褒めないように気をつける
③「私が、私にとって世界でいちばんの理解者になってあげる」と決める

✦ワークスペース

＊Work1-1で書き出した「なかなか叶わない願いごと」を見直して気づいたこと

それでは、実際に生徒さんが行い、結果を出したワークをいくつかご紹介しましょう。

＊＊＊

例1：Aさん（20代・女性）の場合

・なかなか叶わない願いごと
彼氏が欲しいのに、なかなか好きになれる人に出会えない

・見直して気づいたこと
よくよく考えてみたら、彼氏がいない気ままな今のほうが気楽で、自由で、楽しい！本当は、彼氏なんて必要としていなかった。しばらくはこの気ままな毎日を楽しみたい！　みんなに彼氏がいるから、「彼氏がいないと格好悪いかなー」って思っていたみたい

・ネガティブな思考を受け入れる
「彼氏がいないと格好悪いかなー」って思っていたんだね。どう思っても大丈夫だよ。ダメなことじゃないよ

例2：Mさん（30代・女性）の場合

・なかなか叶わない願いごと

何年も資格取得のための勉強をしているけれど、なかなか受からない

⬅

・見直して気づいたこと

「こんな会社、辞めてやる！」って思って、資格を取得したら今よりもいい会社に転職できるかもって考えていた。でも、本当はムカつく職場の上司をあっと言わせたかっただけで、この資格自体を取りたいわけではないなぁ

⬅

・ネガティブな思考を受け入れる

上司をあっと言わせたいだけで資格を取ろうとしていたのか……。そうだよね、その気持ち分かるよ。上司に自分の頑張りを見せたかったんだね

例3：Rさん（40代・女性）の場合

・なかなか叶わない願いごと

貯金したいのに、急な出費が重なってばかりで全く貯金ができない

・見直して気づいたこと

そもそも、貯める気がないのかもしれない。いざとなったら親がお金を出してくれるって思っているなぁ

・ネガティブな思考を受け入れる

「いつまでも、親に与えてもらうのが当然」だと思っていたなぁ。そういうふうに考えている私がいたんだ。自分でお金を貯めてしまったら、「親に甘えられなくなってしまう」と思っていたのかもしれないね。本当の考えに気づけてよかった

＊＊＊

このように、なかなか叶わない願いごとは、本当は叶えたくない願いごとだったのです。このことに衝撃を受ける方も、薄々と気づいている方もいらっしゃるかもしれません。

しかしそうは言っても、「やっぱり彼氏が欲しい」「それでもお金が欲しい」「何かの資格は取りたい」などと思うでしょう。

なかなか叶わない願いごとを書き出して、見直した結果、潜在意識ちゃんには本当は叶えたくない理由があることが分かりました。これは、願いごとに対する「ネガティブな思考」であり、そのことに気づいてあげることが非常に重要です。

もし、ネガティブな思考に気づけなければ、知らないうちにあなたの潜在意識ちゃんにはどんどんネガティブな思考が溜まってしまいます。

とはいえ、薄々は自分のネガティブな思考に気づくもの。しかし、誰もがネガティブな自分や、いじけた自分、腹黒い自分、意地悪な自分に気づきたくないため、見て見ぬフリをしがちです。そうすると、やがてネガティブな思考が潜在意識ちゃんに溜まりに溜まって、とんでもなくネガティブな現実を創り上げてしまいます。そんなの困ってしまいませんか？

そこで、Ｗｏｒｋ1-2のように、ネガティブな思考を認めてあげることが大切になります。ネガティブな思考を認めてあげることで、潜在意識ちゃんはネガティブな思考の増殖をストップさせることができるのです。

思考が潜在意識ちゃんに一定量溜まると、その思考が現実化するように、ネガティブな思考を認めることで今後増えなくなれば、もともとの叶えたいことに対する思考だけが溜まっていきます。すると、「こうなりたい」「こうしたい」という思考が、すーっと現実化するのです。

さあ、はりきって、気づいていなかったネガティブな思考をじゃんじゃん解放してあげましょう。ネガティブな思考は、決して「悪」ではありません。私たちは今まで、思考の扱い方を学ぶ機会がなかったから仕方がないのです。

①ネガティブな思考に気づいて認めてあげないと、
ネガティブな思考がどんどん増えていってしまう

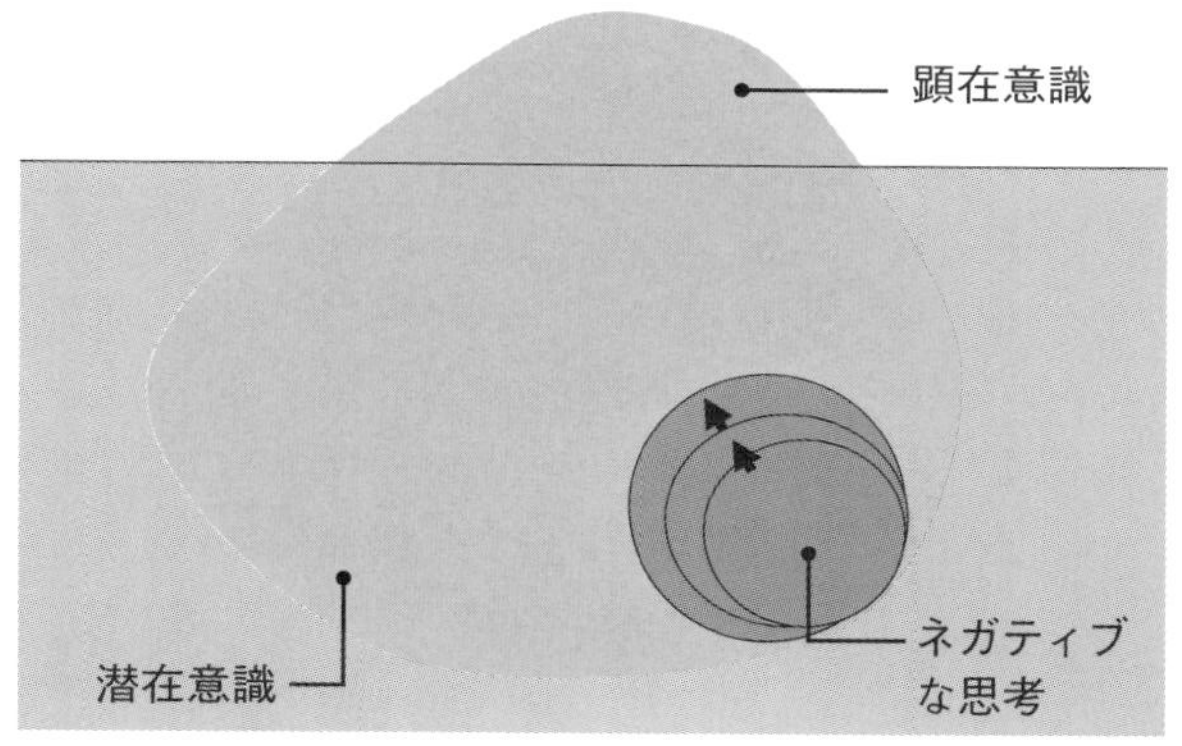

②ネガティブな思考に気づいて認めてあげるとネガティブな思考がピタッ！ と止まり、叶えたいことに対する思考がどんどん溜まる

増やしていく！
望み・願い・夢が叶う！
思考が現実化！

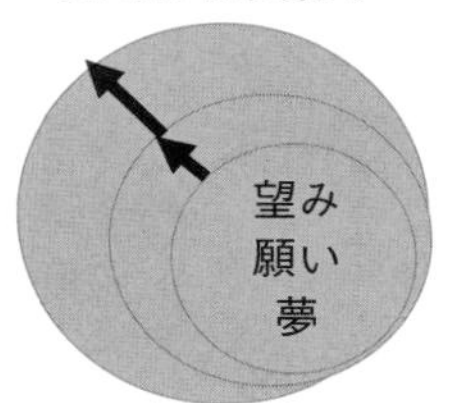

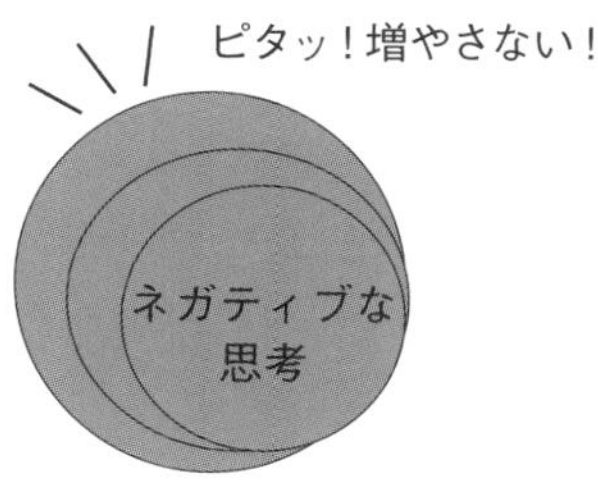

●望み・願い・夢が叶わない時
本来の望みにまつわる思考＜ネガティブな思考
（気づかないうちに日々増えている）

●望み・願い・夢が叶う時
本来の望みにまつわる思考＞ネガティブな思考
（気づくと増えなくなる）

図２　ネガティブな思考を認めると思考が現実化する

Day 2

欲しいものは周りの人たちが運んでくれる

嫉妬があなたの幸せを遠ざける本当の理由

Ｄａｙ２では、「思考の仕組み」を知らないとスムーズに思考が現実化できない理由と、それを改善するためのワークを行いましょう。

スムーズに思考を現実化するために、とても重要なポイントがあります。それは、**「嫉妬が起きるのはなぜか？」をしっかり理解する**こと。

「なぜ、思考の現実化に〝嫉妬〟が出てくるの？」と思われるかもしれません。

それでは、思考と嫉妬について詳しくお話ししましょう。

たとえば、あなたが「彼氏が欲しいなー」と思っていると、知人に彼氏ができたり、友達に彼氏ができたり、姉妹に彼氏ができたり……。

喜ばしいことのはずなのに、なんだかモヤッとした気持ちが湧いてきたことってありませんか？

もしかすると、怒りに似た感情を抱く人もいるかもしれません。

私が生徒さんから受けるご相談でも、この手のものは後を絶ちません。

すぐそばにいる友達の幸せこそ、本当は心から喜んであげたいのに、素直に友達の幸せを喜べない自分に対して、自己嫌悪になってしまう方もいらっしゃいます。

しかし、本当は自己嫌悪する必要なんてありません。これは、すぐそばの人の幸せにモヤッとしてしまう理由と対処法を知らずに、モヤッとし放題で生きてきてしまったから仕方がないのです。

嫉妬について理解できれば、自分の潜在意識ちゃんからの素晴らしいメッセージを受け取ることができます。

また、人の幸せに対してモヤッとしないための対処法もありますので、ご安心ください。

では、「嫉妬」が起こる本当の理由についてお話ししましょう。

思考の現実化はだんだん近づいてくる

プロローグで、「潜在意識ちゃんに溜まった思考の量によって、現実への現れ方が異なる」というお話をしました（10ページ参照）。

思考の量が少ないと遠くに、多いと近くに現れます。どういうことかと言うと、思考が現実化するまでに、すでにあなたの望みや願い・夢などを叶えた人が、だんだん自分の周りに現れるようになるのです。

たとえば、「彼氏が欲しいなー」と思っていても、潜在意識ちゃんに溜まっているその思考の量が少ない場合、女優さんに彼氏ができたニュースを見かけるなど、あなたから「遠いところ」にその思考が現れます。

そして、思考の量が少し溜まってくると、知人に彼氏ができます。もう少し溜まると、友達に彼氏ができます。

このように、あなたの思考が潜在意識ちゃんに溜まれば溜まるほど、より「近いところ」で思考が現実化するようになるのです。

すぐ近くに思考を現実化した人が現れたら、次はあなたの番。

つまり、思考が現実化する時は、自分の思考がだんだんと物理的に自分に近づいてきます。

まさにこの時、**「あと一歩で思考が現実化するよ！」**という潜在意識ちゃんからの素晴らしいサインが送られてきているのです。

この「思考の仕組み」を知らないと、すぐそばの人たちが自分が欲しいものを手に入れ、自分は手に入れられていない状態に陥るため、自分ばかりが上手くいかないと「嫉妬」の感情に囚われてしまいます。

〝嫉妬〟ってどういうこと？

嫉妬とは怒りの表現の1つであり、**「私にはそれが手に入らない。でも、あの人に**

はそれが手に入っているから悔しい」という思いです。

言語化してみると、なんとも恐ろしくネガティブ……。嫉妬心のエネルギーは強烈のため、嫉妬の感情に囚われると**「私にはそれが手に入らない。でも、あの人にはそれが手に入っているから悔しい」**という思いが、感情的なインパクトを伴って潜在意識ちゃんにガツンと溜まります。

このように、「感情が思いきり動いた時」は、よくも悪くも潜在意識ちゃんのチカラがスムーズに発動されやすくなります。

つまり、ものすごい速さで思考が潜在意識ちゃんに溜まり、現実化されてしまうのです。

たとえば、彼氏ができたA子に嫉妬したとしましょう。この時、「私には彼氏ができない」という思考に陥ってしまうと、その思考がすごい速さで潜在意識ちゃんに溜まるので、「私には彼氏ができない」という現実が手に入り続けてしまいます。

友人のA子に彼氏ができたということは、次はあなたの番だったのかもしれません。せっかくすぐそばまで現実化が近づいてきていたのに、もったいないことです。

図３　思考の現実化は、だんだん近づいている

嫉妬と思考の関係を知っていれば、「嫉妬なんてする必要がない」ということがお分かりいただけるでしょう。

むしろ、

「自分が手に入れたいものを、どんどん自分の近くまで引き寄せてきた私ってすごい！　やったね！　おめでとう！　次は私だ！」

と思えるのです。順調に思考の現実化が近づいていることを喜びましょう。

それでは、そんな嫉妬心から開放される「嫉妬心にバイバイして、スムーズに思考を現実化する」ためのワークをご紹介しましょう。

嫉妬心を手放してスムーズに思考を現実化するワーク（推奨10分）

このワークは、できるだけ静かな場所で、リラックスした状態で行ってください。「自分の心の声をしっかり聞き取ってあげよう」という気持ちで取り組んでいただけると、効果を感じるのが早くなります。

〈用意するもの〉

・鉛筆、またはペン（何色でもOKです）
・A4サイズの紙、またはB5サイズのノート

〈手順〉

1. あなたが願っていることや手に入れたいものを思い浮かべて書き出します

2. 手順1で思い浮かべたものをすでに手に入れている周りの人に対して、モヤモヤした気持ちや苛立たしい気持ちを抱いていないか自分の心に問いかけて、その人の名前を書き出します

⬅

3. 「正直に告白するならば、私は○○さんに嫉妬しています！」というふうに、あなたの思いをぶっちゃけて、書き出します

⬅

4. 手順3で書き出したものに大きくバッテンをつけます

⬅

5. 声に出して潜在意識ちゃんに感謝します

⬅

「○○さんへの嫉妬は間違いでした。本当はまもなく私にも□□（手順1で書き出した内容）が現れますよのサインでした！　だから、やったね私！　おめでとう！　潜在意識ちゃん、教えてくれてありがとう」

✦ワークのポイント

①手を動かして「書く」

②声を出して「言う」

※できるだけ暗くならず、明るくにこやかに言いましょう

③潜在意識ちゃんへの語りかけは、あたかも潜在意識ちゃんがあなたの目の前にいるかのようにお話しできると最高

これらの行動によって、潜在意識ちゃんにしっかりインプットされます。億劫(おっくう)がらずに、しっかり行いましょう

＊＊＊

「私はなんて思ったの?」「どう感じたの?」というふうに、いつもできるだけ自分自身に心の中で聞いてあげる習慣をつけることが、とても重要です。

これができるようになると、だんだん自分にとって不都合で増えてほしくないネガティブな思考を無闇に溜めることがなくなっていきます（Ｄａｙ１の36ページ参照）。

✦ワークスペース

＊願っていることや、手に入れたいもの

＊ぶっちゃけ

正直に告白するならば、私は「　　　　さんに嫉妬しています！」

＊声に出すセリフ

「　　」さんへの嫉妬は間違いでした。本当はまもなく私にも「　　」が現実になるよのサインでした！

だから、やったね私！　おめでとう！

潜在意識ちゃん、教えてくれてありがとう！

＊＊＊

それでは、さまざまな例をご紹介しましょう。

例1：恋愛について　Nさん（30代・女性）

1．願っていること・手に入れたいもの

素敵な彼氏

↓

2．すでに手に入れている周りの人に対する気持ち

私より全然可愛くない友人のSちゃんに、彼氏ができてラブラブみたい。私のほうがすごく努力しているのに！　ずるい！

↓

3．ノートへの書き出し

「正直に告白するならば、私はSちゃんに嫉妬しています！」

↓

4．バッテンをつける

手順3でノートに書き出したものに大きくバッテンをつけます

正直に告白するならば、私はSちゃんに嫉妬しています！

5. 声に出して潜在意識ちゃんに感謝する

「Sちゃんへの嫉妬は間違いでした。本当はまもなく私にも素敵な彼氏が現れますよのサインでした！　だから、やったね私！　おめでとう！　潜在意識ちゃん、教えてくれてありがとう」

✦解説

すでに手に入れている周りの人に対する気持ちを、改めて文字にしてみると、ドキッとしませんか？

私たちは常日頃、こういった思考を野放しにしています。そしてこれらの思考が、どんどん自分を本当に欲しいものから遠ざけているのです。そんなのもったいないですよね。

あなたが一生懸命努力して思考を溜めてきたので、Sちゃんに彼氏ができたという現実がすぐ目の前にやって来たのです。これは、「まもなくあなたにも彼氏が現れますよ！」という潜在意識ちゃんからのサイン。嫉妬している場合ではありません！

例2：仕事関係　Oさん（20代・女性）

1. 願っていること・手に入れたいもの

キャリアアップのための転職先

⬇

2. すでに手に入れている周りの人に対する気持ち

友人のYちゃんが、最近知り合った人からの紹介で、今の職場よりもめちゃくちゃよい条件の会社に引き抜かれたらしい。私のほうがよっぽど仕事ができるのに、どうして！

⬇

3. ノートへの書き出し

「正直に告白するならば、私はYちゃんに嫉妬しています！」

⬇

4. バッテンをつける

手順3でノートに書き出したものに大きくバッテンをつけます

正直に告白する
ならば、私は
Yちゃんに
嫉妬しています！

5. 声に出して潜在意識ちゃんに感謝する

「Yちゃんへの嫉妬は間違いでした。本当はまもなく私にもよい転職先が見つかりますよのサインでした！　だから、やったね私！　おめでとう！　潜在意識ちゃん、教えてくれてありがとう」

✦解説

Oさんは、Yちゃんのことを大した実力がない（私より頑張っていない）のに、「ラッキーなことが起きていてずるい！」と思っていたようです。しかし冷静に考えてみれば、Yちゃんに引き抜きされるくらいの実力があるから、ラッキーな転職の話が来たのです。

Oさんが Yちゃんに対して、「おめでとう」「よかったね」と思えたら、引き抜きされるくらい「すごい実力がある私」というイメージが潜在意識ちゃんにインプットされるため、Oさんにもラッキーなことが起きます。つまり、転職にまつわるよいお話がやって来るようになるのです。

例3：お金関係　Wさん（50代・女性）

1．願っていること・手に入れたいもの

新規事業のための資金

⬅

2．すでに手に入れている周りの人に対する気持ち

ある新規事業を行うためにお金が必要だけれど、資金調達がなかなか思うようにいかない。誰か出資してくれる人が現れないかなと思っていたら、同業者のTさんは、新しくはじめる仕事のプロジェクトに気前良く出資してくださる方がすぐに見つかったらしい。いいなぁ。よい人脈がある人は、違うよね

⬅

3．ノートへの書き出し

「正直に告白するならば、私はTさんに嫉妬しています！」

⬅

4. バッテンをつける

手順3でノートに書き出したものに大きくバッテンをつけます

正直に告白するならば、私はTさんに嫉妬しています！

5. 声に出して潜在意識ちゃんに感謝する

「Tさんへの嫉妬は間違いでした。本当はまもなく私にも出資してくれる人が現れますよのサインでした！　だから、やったね私！　おめでとう！　潜在意識ちゃん、教えてくれてありがとう」

✦解説

嫉妬する必要なんてないですよね。すぐそばに、よい人脈に恵まれて、資金調達ができた人を創り出したのは、あなた自身なのですから。ラッキーを手に入れた人がそばにいるということは、あなたにもラッキーが近づいている証拠です。「やったね私！」「さすが私！」「すごいね私！」「次は私だ！」「嬉しい！」など、無邪気に喜んでください。

他にも、芸能人や全く知らないSNS上のみの繋がりの人など、あなたとの関係性が遠い人に対して嫉妬する場合も同じです。華やかな生活を送っている芸能人や、仕事が上手くいっている人をSNSで見て嫉妬したり、長年の夢を叶えた友達の喜ぶ姿を見て素直に喜べなかったり……。

このようにモヤモヤしたら、すぐにこの【嫉妬心を手放してスムーズに思考を現実化するワーク】を行ってみてください。

中には、「書き出してみたけれど、いまいちスッキリしないなー」という方もいらっしゃるかもしれません。そんな時は、何日間か続けて同じことを書き出してみてください。そうすることで、だんだん潜在意識ちゃんとコンタクトを取るのが上手になり、どんよりした〝嫉妬の気持ち〟を素早く手放して、スムーズに思考を現実化できるようになります。

＊＊＊

嫉妬をしているということは、「私にはそれが手に入らない！」という思考を強めています。そのため、「○○を手に入れられないダメな自分」というイメージが強まり、どんどん自己肯定感を持てなくなってしまいます。つまり、どんどん自分のことを嫌いになってしまうわけです。

また、自分が誰かに嫉妬している場合、そのことを人に知られたくないのではないでしょうか。これは、「嫉妬しているなんて恥ずかしい」「情けない」など、嫉妬に対してよくないイメージを抱いているからです。

このような厄介な嫉妬心を手放すことができたら、自分のことを誇らしく思えたり、気持ちが晴れやかになったりすることで、自己肯定感が増し、自分のことを好きになれます。

つまりこれは、自分と仲良くなるための大切なワークなのです。このワークを習慣化できたら、いつどんな時にモヤッとしてしまっても、すぐに思考を切り替えて、素直に「なりたい私」になれるモードになることができます。ぜひ、楽しみながら取り組んでみてください。

Day 3

嫌な人こそ大切なメッセンジャー

反面教師説やドリームキラー説はとっても残念な思考

Ｄａｙ２では、「嫉妬」についてお話ししました。Ｄａｙ３では、「嫌な人」について一緒に考えていきましょう。

突然ですが、あなたには「嫌いな人」や「苦手な人」がいるでしょうか？

たとえば、職場に行けば毎日顔を合わせなければならない大嫌いな先輩や、趣味のコミュニティにいる感じの悪い人、いつも厳しすぎて口うるさい学校の先生、顔を合わせたくないけれど付き合わざるを得ない人、いつも頭ごなしに否定してくる親など。

おそらく、誰かしら思い浮かぶでしょう。

「嫌いな人」や「苦手な人」がいても、何も問題ありません。

誰にでも1人や2人、できれば関わりたくない嫌いな人、苦手な人がいるものです。

嫌いな人や苦手な人とトラブルになった時、次のようなアドバイスをもらうことが多いのではないでしょうか。

「あなたを否定する人から離れなさい」

「あなたの夢を壊すドリームキラーに耳を貸してはいけない」

「あなたが嫌いなものからは、とにかく距離を置けばいい」

注）もちろん、今あなたが身の危険を感じるような被害を受けている場合、安全確保のために、あなたに危害を与える何かからすぐ逃げてください。ここでお話ししているのは、身の安全を確保できている人についてです。ご了承ください。

嫌な人から距離を置くと、一時的にはスッキリするでしょう。しかし、根本的な解決にはなりません。

きっとその人から逃げてみても、結局はまた新しくあなたを否定する人や、あなたの邪魔をする人など、嫌な人が現れます。

なぜなら、このような**困った人たちを創り出しているのは、あなたの思考だから**です。

「えっ？」と思われた方もいらっしゃるかもしれません。

「困った人たち＝自分の思考の現実化」について、もう少し詳しくお話ししましょう。

先ほどお伝えした「嫌な人からは逃げればいい」という考え方（距離を置く考え方）は、「あなたのことを否定したり、邪魔をしてくる人＝あなたの思考から出来上がっている人」という考え方ではないのです。

ここが非常に重要なポイントです。

つまり、距離を置く考え方は、「自分の思考とは関係なく、嫌な人たちが存在している」という考え方であると言えます。

これは「自分の思考が創った現実ではない」という考え方のため、自分の力ではこの状況をどうすることもできません。

自分が創っていないのだから、創り変えようとしても、できないというわけです。

私たちは、しばしばこの「距離を置く考え方」に苦しめられます。

これを、**「被害者意識」**と言います（なんだか重たい言葉ですよね）。

「被害者意識」について知り、改めることができれば、ずんずん自分の人生を思いどおりに変えていくことができるようになるのです。

ドリームキラーや反面教師が自分の潜在意識ちゃんから現れていることに気づくと、あなたを否定したり、あなたの邪魔をしてくる人たちが人生に現れなくなります。

自分の思考が現実を創っているのですから、思考を変えれば現実を変えることができるわけです。

毒親も、モラハラする上司も、口うるさい知人も、みんなもうあなたの人生に現れないようにすることができてしまうのです。

これは決して、嫌いな人がいなくなる、苦手な人が消えていなくなるという意味ではありません。嫌いな人があなたのことを否定してこなくなったり、苦手な人のあなたへの態度がガラリと変わったり、あなたと相手の関係において変化が起きるということです。

なぜ、わざわざ嫌な人を生み出してしまうのか？

ではなぜ、私たちはわざわざ、自分が嫌だなーと思う人を出現させてしまうのでしょうか？

それは、次のような思考が潜在意識ちゃんに溜まっているからです。

・自分や周りの人たちを信頼できていない

・自分のことが嫌い

・自分や周りの人たちを否定したり、攻撃している

（態度や言葉に表していなくても、心の中で思っていればそれは否定や攻撃になります）

その結果、あなたの目の前に

・あなたを信頼してくれない人

・あなたを嫌う人

・あなたを否定したり、攻撃してくる人

が現れるのです。

たとえば、あなたが親に自分の夢を語って全力で否定されたとしましょう。

これは、親が「毒親」なわけでも、「ドリームキラー」なわけでもありません。

実は、あなたの顕在意識ちゃんは「夢を叶えたい！」と思っているものの、潜在意識ちゃんは「夢を叶えるなんて無理だよ」「一歩踏み出すのは怖い」など、自分を否定する思考を抱いているため、否定的な思考がたくさん溜まっています。

その結果、「あなたを否定する親」が現れたというわけです。

あなたの潜在意識ちゃんに、夢に対する前向きな思考がたくさん溜まっていれば、親はきっと反対せずに応援してくれるはずです。

親や周りの人たちに自分の夢を否定された時は、

「本当は怖くて進みたくないのかもしれない」

「本当はあんまりそれをやりたくないのかもしれない」

など、意識していなかったとしても自分自身が夢を否定しているのです。

つまり、**自分の周りの人たちからの否定は、潜在意識ちゃんからのメッセージ。**

お父にゃんが
私の夢にNO!と誓う

NO

ドリームキラーめ!!
と思うのではなく

本当は
その夢を叶える自信
がないのかもしれない
覚悟が足りないのか
もしれない……

また、自分で自分のことを否定していないとしても、他の誰かを猛烈に否定していると同じことが起こります。

プロローグでお話ししたように、潜在意識ちゃんは主語が分かりません（10ページ参照）。そのため、誰かを否定していれば、それはそのまま自分を否定しているのと同じことになるのです。

潜在意識ちゃんに溜まった「否定する」という思考によって、あなたを否定する人や、あなたが否定したくなる人、誰かが誰かを否定している状況、誰かが誰かに否定されている状況などを、目撃しやすくなります。

つまり、あなたの潜在意識ちゃんに溜まった思考によって、ある時はあなたが否定される側として、ある時はあなたが否定する側として、ある時はあなたが傍観者となってというふうに至るところで「否定」にまつわることを現実化させるのです。

あなたのことを邪魔してくる人がいたとしたら、それはあなたの潜在意識ちゃんに「邪魔する」という思考がたくさん溜まっていることを教えてくれているわけです。

あなたは誰かの邪魔をしていないでしょうか？

今は邪魔をしていなくても、以前の職場ではしていなかったでしょうか？

学生の頃はどうでしょうか？

もっとさかのぼって、子どもの頃はどうでしょうか？

過去に思考したことは〝すべて〟、潜在意識ちゃんに溜まっています。思考の現実化のポイントは、思考の〝量〟です。繰り返し思考してきたことが、潜在意識ちゃんに一定量溜まると、思考が現実化するので、あなたがすっかり忘れてしまった、昔にしたことや思っていたことに関する思考が長い年月を経て、今、あなたの目の前で起きているということは、往々にしてあるのです。

他にも、「信頼してもらえない」「攻撃される」という対人関係にまつわる悩みでも同じことです。

あなたのことを信頼してくれない嫌な人や、あなたのことを攻撃してくる嫌な人たちがあなたの目の前に現れたとしたならば、あなたの潜在意識ちゃんに「信頼できない」「攻撃」の思考が溜まっているサインなのです。

「たしかに、彼のことをすぐに疑ってしまう私がいます！」

「自分のことをそもそも信頼できていないなー」

「たしかに、あの人のことをずっと心の中で攻撃しているな」

など、きっと思い当たることがあるはず。


自分の思考にないものには、出会うことはできないのです。


誰にもネガティブな思考はあります。むしろあって当然、それは自然なことです。

いちいち「ネガティブな自分にショック！」などと沈む必要はありません。

私たちは、思考の扱い方や思考が現実化する仕組みを知らないまま成長してきただけ。本書でそのことに気づき、変えてしまえばいいのです。

自分のために、早くネガティブな思考に気づき、次ページでご紹介するワークに取り組みましょう。そうすることで、「なりたい私」に近づくことができます。


では早速、ワークを行っていきましょう。

Work 3
嫌な人があなたの味方に変わるワーク

（推奨10分）

このワークでは、あなたの目の前に現れた嫌な人は、あなたの思考が創り出していることを知っていただき、嫌な人が目の前に現れないようにします。

〈用意するもの〉

・鉛筆、またはペン（何色でもＯＫ）
・Ａ４サイズの紙、またはＢ５サイズのノート

〈手順〉

1．あなたの嫌な人の名前を書き出します

例）職場の花子さん

※複数人いる場合は、１人ずつに対してワークを行いましょう

2. ⬅ 手順1で書き出した人のどんなところが嫌なのかを、しっかり書き出します

例）会うたびに私の粗探しをして嫌味を言ってくるのがむかつく

3. ⬅ 手順1で書き出した嫌な人に、なんと言いたいのかを考えて書き出します

例）人の粗探しばかりしていないで、人のいいところを見つけようよ！

4. ⬅ 手順3で書き出したセリフは、自分が誰かにそう思われていないか、自分にそう思っていないかを考えます

例）あー、私もいつも気づけば、心の中で人の粗探しばかりしているな
自分を褒めないで、ダメ出しばかりして自分をいじめているな　など

5. ⬅ 嫌な人が、自分の思考から出来上がっていたことや、潜在意識ちゃんからのメッセージだと納得します

6．声に出して潜在意識ちゃんに感謝します

※声に出すことができない場合は、心の中で言ったり、紙に書き出してもOKです

「潜在意識ちゃん、教えてくれてありがとう。花子さんは私のひとかけらだったんだね。花子さん、一緒に変わっていこうね」

嫌いな人や苦手な人に対するネガティブな思考を受け入れることは、一筋縄ではいきません。そのため、【嫌な人があなたの味方に変わるワーク】はあなたの気が済むまで何日間か続けることがオススメです。

✦ワークスペース

＊嫌な人の名前

＊書き出した人の嫌なところ

＊嫌な人に言いたいこと

＊感謝の言葉

潜在意識ちゃん、教えてくれてありがとう。「　」さんは私のひとかけらだったんだね。「　」さん、一緒に変わっていこうね。

＊＊＊

では、生徒さんの例をご紹介しましょう。

例1：Fさん（30代・女性）

1．あなたの嫌な人の名前を紙に書き出します

お父さん

⬅

2．手順1で書き出した人のどんなところが嫌なのかを、しっかり書き出します

お父さんが私のしたいことを何かと否定してくるのが嫌い

⬅

3．手順1で書き出した嫌な人に、なんと言いたいのかを考えて書き出します

私を頭ごなしに否定しないでもっと話を聞いてよ！

⬅

4．手順3で書き出したセリフは、自分が誰かにそう思われていないか、自分にそう思っていないかを考えます

私も職場のAさんのことを頭ごなしに否定していたな
私が私自身の本音をちゃんと聞いてあげられていなかったな

5. 嫌な人が、自分の思考から出来上がっていたことや、潜在意識ちゃんからのメッセージだと納得します

⬅

6. 声に出して潜在意識ちゃんに感謝します

⬅

「潜在意識ちゃん、教えてくれてありがとう。お父さんは私のひとかけらだったんだね。お父さん、一緒に変わっていこうね」

例2：Sさん（20代・女性）

1．あなたの嫌な人の名前を紙に書き出します

職場のUさん

⬅

2．手順1で書き出した人のどんなところが嫌なのかを、しっかり書き出します

会うたびに理不尽な理由で怒ってくるのがムカつく

⬅

3．手順1で書き出した嫌な人に、なんと言いたいのかを考えて書き出します

いつも理不尽な理由で怒っていないで人に優しくしようよ！

⬅

4．手順3で書き出したセリフは、自分が誰かにそう思われていないか、自分にそう思っていないかを考えます

私もいつも気づけば他人に理不尽な理由で怒っているな

⬅

5. 嫌な人が、自分の思考から出来上がっていたことや、潜在意識ちゃんからのメッセージだと納得します

⬅

6. 声に出して潜在意識ちゃんに感謝します

「潜在意識ちゃん、教えてくれてありがとう。Uさんは私のひとかけらだったんだね。Uさん、一緒に変わっていこうね」

すぐに嫌な人を受け入れられなくても大丈夫

もし、このワークを行って、「とても抵抗がある」「ムカつくあの人が私のひとかけらだなんて絶対に思いたくない！」と思った場合、自分に次のように話しかけてあげましょう。

・〇〇さんを許したくないんだね
・〇〇さんが悪くて私は悪くないって思っているんだね

このように、「分かったよ、そう思っているんだね」など、自分のことを否定せず、ただ優しく受け入れてあげるのです。

潜在意識ちゃんに繰り返し言葉をかけてあげると、だんだんあなたの中にあるイライラやモヤモヤが、丸く柔らかくなっていくのが感じられるでしょう。

この感覚を得られるまで、「うんうん、そうなんだね。分かるよ」と、ただただ優しく同意してあげてください。

【嫌な人があなたの味方に変わるワーク】をきちんと行うことができれば、あなたの人生が急速に、スムーズに展開していくようになります。

このワークができるということは「心が大人になった」、つまり自分の嫌な部分を受け入れてあげられるようになったり、愛せるようになるということなのです。

【嫌な人があなたの味方に変わるワーク】は時間がかかってもいいので、ぜひじっくりと取り組んでみてください。そして、このワークを通して、自分のことをどんどん受け入れてあげられるようになってください。

どんなにネガティブな自分がいても大丈夫、いろいろな思いがあっていいのです。さまざまな自分の思考たちと仲良くなりましょう。

心の中で、自分や他者のことを否定したり、攻撃したり、やっつけたりしなくなった時、あなたの現実は本当にとてもラクで、楽しく、面白くなっていきますよ。

「一向に改善されない！」
「上手くいかない！」
と思った場合は、次のことについて、あなたの心の中を点検してみてください。

★“やっつけワーク”になっていない？

ただワークをやっただけの状態を、やっつけ仕事にならって、“やっつけワーク”と言います。ワークに対して、次のような考えを持っていないでしょうか？

- **このワークをやったんだから、早く現実が変わってよ！**
- **心の中で反省して謝ったんだから、早く目の前からあの人がいなくなってよ！**
- **嫉妬を手放したんだから、早く彼が近づいてきてよ！**

このように、「ワークをやればどうにかなるんでしょ！」という気持ちが心の中にあると、潜在意識ちゃんを置き去りにしたままの“やっつけワーク”になっている可能性が高いのです。

潜在意識ちゃんとコンタクトを取ることで、思考を現実化させやすくするため、この「早く変わってよね！」の焦りを持っている限りは、残念ながらなかなか現実が変わりません。

焦って“やっつけワーク”になっているケースはよくありますが、この焦っている自分に気づくのは、なかなか難しいのです。

このような場合は、Day 4 でお話しする焦りについてしっかり理解していただくのがよいでしょう。

それでは、Day 4 のワークへと進みましょう。

COLUMN★1 現実が変わらないと思ったら……

Day 3 のワークが終わり、折り返し地点となりました。
みなさんいかがでしょうか？

・心がなんだか軽くなったなー
・長年の不安から解放されてスッキリした！
など、変化を感じはじめた方もいらっしゃるでしょう。

一方、
・まだ何も変わらないよ！
・全然、上手くいかない……
など、ちょっと焦っている方もいらっしゃるかもしれません。

私が長年カウンセリングをしている中で、「なかなか現実が変わらないんです」と言われる方は、結構いらっしゃいます。彼らによくよくお話を伺ってみると、往々にして次のようなことが見受けられます。

・気持ちばかりでしっかりワークしていない
・ワークが表面的な取り組みになっている
・やっつけ仕事のようにワークをしている
・「これをやったら変わるんでしょ。早く変わってよ！」とワーク任せにしている

など

残念ながら、このような状態でワークを行っている場合、現実は変わりません。
もし、Day 3 までのワークに一生懸命取り組んできたのに、「全然気持ちが晴れない」

Day 4

私が私の世界一の味方になってあげる

不安な気持ちがなくなる日は必ずやってくる

Ｄａｙ３では、「あなたの嫌な人は、あなたの思考が創り出している」ということをお伝えしました。

あなたの目の前に嫌な人がいるということは、あなたの潜在意識ちゃんが「自分の○○が嫌だ」という思考を持っているのです。

潜在意識ちゃんは、主語が分からないので、「自分のここが嫌だ」などと思っていたら、その〝嫌〟という思考が溜まって、あなたの目の前に嫌な人が現れるのです。

つまり、自分の嫌な部分を第三者（嫌な人）を通して見ている状態と言えます。

一般的に、人は嫌な人に対して、否定（攻撃）したくなる性質があります。これは、自分を守る方法でもありますが、誰かを否定（攻撃）すると潜在意識ちゃんに「否定」

「攻撃」の思考が溜まっていきます。

その結果、ますます否定（攻撃）したくなる人が現れ、自分が否定（攻撃）されることも起きやすくなるのです。

これは、「自分で自分を否定（攻撃）している」状態とも言えます。

つまり、私たちは、自分自身をいじめる天才なのです。そんな天才は、困ってしまいますよね。

Ｄａｙ４では、無意識に自分自身をいじめる人間の性質についてお話ししましょう。

具体的に、どんなふうに自分をいじめている（否定や攻撃している）のかを知っていただくことで、無意識のうちに自分をいじめてきたこと（否定や攻撃をしてきたこと）に気づき、自分で自分を攻撃することがだんだん減っていきます。そうすると、あなたの目の前に嫌な人が現れる機会も減っていくのです。

まず気づいていただきたいのは、「焦り」と「不安」についてです。

私たちは誰しも、しばしば焦りの気持ちや不安な気持ちでいっぱいになります。

焦りは、自分の思考の現実化を信じていない、つまり否定することで生じます。

不安は、潜在意識ちゃんに〝攻撃思考〟が一定量溜まると生じます。

このように、焦りも不安も〝否定の思考〟や〝攻撃思考〟といったネガティブな思考が潜在意識ちゃんに一定量溜まることで生じるのです。

つまり、焦っている限り、不安を抱えている限り、「なりたい私」になることはできません。

この「焦り」や「不安」とどうすればバイバイできるのか、まずは焦りについて、お話ししましょう。

焦りが生じる本当の理由とその解決法

毎日の生活の中で、たくさん焦ってしまうことがあるでしょう。

たとえば、次のようなことはありませんか?

・仕事が期限内に終わらなくて焦る
・結婚したいのになかなかできなくて焦る

気持ちばかり焦って
さっきから何も進んでいない……

・資格の試験があるのに勉強する時間がなくて焦る　など

一度焦ると、焦れば焦るほど上手くいかなくなり、ドツボにハマったりします。

さらに、人は焦っている時、

「どうしよう！」

「やばい！」

「なんとかしなきゃ！」

など、頭の中はあれやこれやといつも以上に忙しく、さまざまなことを考え出しています。つまり、顕在意識ちゃんがフル回転している状態なのです。

そもそも、焦りの気持ちはなぜ生じるのでしょうか？

それはズバリ、**「自分の思考が現実になることや、思いが叶うことを信じられていない」**から。

「自分の思考が現実化すること」を全く信じられていないと、「叶わない、どうしよう」「手に入れられない……困った！」と焦ってしまうのです。

反対に、もし「自分の願いが必ず叶う」と心の底から、疑いもなく信じられていたら、あなたは焦る必要があるでしょうか？

きっと、「焦らない」と答えるでしょう。絶対に自分の願いは叶うので、焦る必要なんてないですよね。

つまり、焦るということは、

「自分の思考が現実化することを全く信じられないです！」

と、潜在意識ちゃんに一生懸命宣言しているようなものなのです。

では、どうすれば焦らなくなるのでしょうか？

まずは、**焦っている自分に気づきましょう。**

気づくということは、ものすごく重要です。

焦っている時、自分が焦っていること自体にも気づけないくらい、私たちの頭の中はいっぱいいっぱいになってしまっています。

「あ！　私は今、焦っている」と気づいてあげることで、フル回転している顕在意識ちゃんを一時停止させ、潜在意識ちゃんに目を向けることができます。

「なんだかそわそわしているな」

「焦っているな」

などと気づいたら、いったん立ち止まって、深呼吸をしましょう。

焦っている時は、無意識に息を止めていたり、呼吸が浅くなっていたりしがちです。

そのため、深呼吸をすることは、焦りを落ち着かせるのに有効なのです。


人は、起きている時も、寝ている時も、無意識で呼吸をしています。

つまり、無意識で行っている呼吸は、無意識の世界にいる潜在意識ちゃんとダイレクトに繋がっているということ。

だからこそ、焦っている時ほど、いったん立ち止まって、呼吸に意識を集中することが大切なのです。

そして、次ページでご紹介する方法で潜在意識ちゃんに話しかけましょう。

✦潜在意識ちゃんに話しかける深呼吸の方法

1. 目を閉じて、呼吸に集中します

⬅

2. 吐く息と吸う息に注意を向けます

⬅

3. 「呼吸する」ということに神経を集中します

⬅

4. 意識的にゆったりとした呼吸をするように心掛けます

⬅

5. 2〜4までを2、3回繰り返します

⬅

※だんだんあなたの気持ちがすーっと静かになり、「あれ？ そこまで焦る必要はなかったな。余計な力が入っちゃってたな」など、焦りが消えていくのを感じるでしょう

⬅

6. 焦っていた気持ちが少し落ち着いたら、潜在意識ちゃんに優しく謝ります
「あー私、焦っちゃっていたな。焦るって自分の思考が現実になることを信じていないってことだよね。潜在意識ちゃん、あなたを信じていなかったです。ごめんね」

⬅

7. 「私は私を信じます」
「私自身を信じるのが好き！」
など、自分を信じているというメッセージを自分に伝えます
※6と7は、目を開けていても閉じていてもかまいません

深呼吸をするだけで
かなり落ち着きます

ゆっくりと深呼吸をすることで、焦りはなくなり、潜在意識ちゃんとコンタクトを取れるようになります。

あなたにとって世界でいちばん大切なのは、あなた自身です。焦っていては、自分を大切にすることはできません。

まずは、あなた自身が、世界でいちばん優しく、自分自身に語りかけてあげられる人になりましょう。そうすることで、周りの人も大切にすることができます。

本気で自分のことをいちばん大切にできた時、きっとあなたのことを心から大切に思ってくれる人や、あなたの本当の味方になってくれる人たちが、周りにたくさん現れるでしょう。

82ページのコラムを読んで、「やっつけワークになっているかも⁉」と思った場合は、ここまででお話しした〝焦り〟についてしっかりと理解してください。そうすると、あら不思議！　ワークによってあなたの潜在意識ちゃんが変わりはじめるでしょう。現実において「なりたい私」がどんどんと近づいていきます。

不安が止まらない本当の理由と解決法

次は、不安についてお話ししましょう。

あなたは今、何か不安に思っていることはありますか？

お金のこと、仕事のこと、健康のこと、社会情勢のこと、「これから一体どうなっていくんだろう？」「大丈夫かな？」など、将来のことを考えるとさまざまな不安が押し寄せてくるという方もいらっしゃるのではないでしょうか。

私も小さい頃から、心の中に不安がある毎日を過ごしていました。

さらに、抱えている不安を上手く言語化できなかったため、誰にも相談することができなかったのです。

たとえば幼稚園で、A子ちゃんにおもちゃを取られたり、Mくんに叩かれたりしても、それらを親に話すことができませんでした。

なぜなら、私が幼稚園生の時に妹が生まれたからです。

これは、多くのお兄ちゃんやお姉ちゃんが体験することだと思いますが、弟や妹が生まれると「親を取られた」という思い違いが発生し、拗ねてしまうのです。

私の場合、大人になってもこの**思い違い**を引きずってしまっていました。さらに、厄介なのは、この思い違いをきちんと自覚できていなかったことです。拗ねてしまった私は、小学生から高校生へと年齢を重ねるにつれてどんどん拗ねた状態がエスカレートし、悩みも、喜びも、何もかも、親には話さない子になっていきました。それに比例するように、だんだん外で問題を起こすようになっていったのです。

そうやって問題を起こしては、遠回しに親にかまってもらいたい気持ちを表現していたのだと、今は気づくことができました。

思考の仕組みについて学んでからはすっかりそんな影もなくなりましたが、そのまま思い違いを引きずっていたら、私はきっと今も苦しくて不安な毎日から抜け出せず、苦しくて不安でいっぱいな現実を創り続けていたことでしょう。

思考の仕組みを知る前の私は、仕事のことや人付き合い、お金のことなど、さまざまな不安を抱えていました。

とてもよく覚えているのは、いつも眠る前や、ふと1人になった時など、胸の辺りがザワザワしてくること。上手く言葉で表せない不安な気持ちが押し寄せてきて、生きているのがつらいと感じたり、この先、生きていくことに喜びが全く感じられなかったり……。

「この先、生活するのにお金は大丈夫かな」
「人付き合いは疲れるな」

など、そんなことばかり考えてしまい、毎朝胃が痛くて目が覚めるという日々をずっと繰り返していました。

今思えば、親に愛されていないと思い込んでいた**「愛の勘違い」**を持ち続けていたから、不安でたまらないのは当たり前のことだと分かるのですが、当時はそんなことを知りません。そのため、本当に「かわいそうな私」「生きるのってつらい」などという思いから逃れられなかったのです。それだけでなく、こんなにもつらい状態から抜け出す方法があるなんて夢にも思っていませんでした。

その結果、希望を持てない毎日を過ごし、いつも疲れていたのです。

私たちが不安になるのは、次の気持ちを抱くからです。

1. 悪いことが起きるかもしれない

⬅

2. 何らかの被害を受ける（攻撃される）かもしれない

この気持ちは、過去に自分が誰かに対して攻撃したことから抱きます。特に、自分の思いどおりにならないことがあった時、相手に対して攻撃したくなるのです。

プロローグでお話ししたように、思考パターンの基礎は、およそ6歳までに出来上がると言われています（11ページ参照）。幼少期に触れ合う機会が最も多いのは親ですから、親との関係の中で感じた「愛の勘違い」がきっかけとなって、「否定の思考」や「攻撃の思考」が溜まり、不安へと繋がっていきます。

もし、みなさんが思い違いによる不安からつらさや嫌な状態を味わっているのであれば、そこから一刻も早く抜け出しましょう。ぜひ、この後お伝えするワークに取り組んでみてください。

また、「そこまで強い不安はないけれど、なんとなく漠然とした不安はたしかにあります」という方もいらっしゃるのではないでしょうか？

不安の程度に違いはあれど、できることなら不安な気持ちをなくしたいもの。毎日、不安のない安心できる状態で暮らしたいと思われる方が多いでしょう。

次ページからは、不安な気持ちを引き起こす思考と、不安を生じた際の対策になるワークをご紹介しましょう。

不安の正体と対策

突然ですが、あなたは不安な気持ちについて、しっかりとその正体を「感じてみたこと」はありますか？

重苦しい何かが自分にのしかかっている「イヤーな感じ」がするでしょう。

おそらく、「不安でワクワクしちゃう」なんて思う方はそうそういらっしゃらないはずです。

このイヤーな感じは、まるで見えない誰かや、見えない何者かに攻撃されている感じではないでしょうか？

見えない誰かや、何者かに攻撃されている感覚は、「あなたの潜在意識ちゃんに〝攻撃思考〟がたくさん溜まっていますよ」のメッセージです。

溜まった攻撃思考が一定量に達して、あなたを攻撃してくる人や、あなたを攻撃してくる会社、重圧をかけてくる社会など、さまざまな形で現れてくるのです。

さらに、重くのしかかるような不安としてもあなた自身に襲いかかってきます。

つまり、不安はあなた自身の**「攻撃思考」**が創り出しているのです。

突然ですが、攻撃思考は、怒りっぽい人と内気な人、どちらの人の潜在意識ちゃんに溜まりやすいと思いますか？

実は、内気な人にこそ、潜在意識ちゃんに攻撃思考がたくさん溜まっていることが多いのです。

なぜなら、内気な人は人前でイライラを発散しにくい分、誰にも分からないように、心の中でめちゃくちゃ悪態をついていることがよくあるからです。

現実世界では大嫌いな人に反発できず、仕方なく物分かりがよいように振る舞うなど大人しくしていますが、内心ではすごく怒鳴りつけていたり、想像の中では気に入らない人をボコボコにしていたり……。

反対に、普段から自分の怒りを相手に伝えて発散している人は、あまりストレスを溜め込まないでしょう。誰にも怒らない、怒りを表現しない人は、思いを溜め込みやすく、一人でストレスを抱え込むことでイライラしやすくなってしまうのです。

私の友人であるTさんは、非常に内気な人です。しかし以前、Tさんは街中を歩く際、気に入らない人とすれ違うと、その人を頭の中でやっつけていたそうです。その後、Tさんは鬱状態の日々が続き、悩みに悩むこととなりました。

しかし、Tさんは思考の仕組みを知ったことで今までの〝攻撃思考〟を改善し、今では幸せいっぱいの毎日を送っています。

攻撃思考は、実際に誰かを言葉で非難したり、やっつけたりするよりも、気軽にできてしまいます。そのため、ストレス解消の目的で頭の中で誰かを攻撃してしまっている方もいらっしゃるでしょう。

他にも、仕事終わりや休日に、敵や何かをボコボコにやっつけるゲームなどをして憂さ晴らしをするのが日課ですなんていう方も……。

そういう方は、要注意です。

もちろん、戦うゲームのすべてがダメだと言いたいのではありません。大事なのは、敵をやっつけるゲームに登場する敵は、あなたの思考の現れであり、あなたのひとかけらなのです。

思考が現実化するこの世界には、必ず自分が攻撃される現実を引き起こす原因があるのです。

思考の仕組みを知っていれば、むやみに自分へ被害を与えないで済んだり、自分によい影響を与える現実を創り出せたりするため、今よりずっとラクに生きられるようになります。

不安でいっぱいな自分に対して、「いいなぁ」「素敵だなぁ」「可愛いなぁ」なんて、なかなか思えませんよね？

不安な時は誰でも、自分という存在を肯定的にとらえることができないため、自然と自分を否定しはじめてしまうのです。

これらはすべて、**不安は攻撃思考が創り出している**から。つまり、自分のこともついつい攻撃してしまうのです。

このままでは、いつまでも不安な毎日から抜け出せません。そのため、【自己肯定感を増し増しにするためのワーク】をご紹介します。

このワークをすることで、あなたの不安は徐々に薄れ、ラクに生きられるようになるでしょう。

Work 4
自己肯定感を増し増しにするためのワーク

（推奨15分）

〈用意するもの〉
・鉛筆、またはペン（何色でもＯＫ）
・Ａ４サイズの紙、またはＢ５サイズのノート（破ってもよいもの）
・小さな紙袋、または封筒（処分してもよいもの）

〈手順〉
1. あなたが自覚している不安な事柄を具体的に書き出します
※「上手く言葉にできない」など、漠然とした不安感がある場合は、その不安感に対してどのように感じるのかを書き出しましょう
例）仕事でリストラに遭うのではないかと思うと不安でたまらない

胸の辺りをギューっと押し潰されているような、苦しくて息が上手に吸えないような感じ

⬅

2. 自分に「不安なんだね」「不安でいっぱいなんだね」など、優しく声をかけます

※自分の腕や肩や頭など、身体を優しく撫(な)でながら語りかけるとさらに効果的です

⬅

3. あなたが今までの人生の中で、実際に、または心の中で攻撃してきた人たちを思い浮かべ、名前を書き出します

※複数人いる場合は、思い当たるすべての人を書き出してください

例) 会社のYさん
同じ電車に乗り合わせた知らないおじさん　など

⬅

4. 手順3で書き出した人たちに対して、次のように宣言します

「今まであなた方を攻撃し続けていました。ごめんなさい。もうこれからはあなた方を攻撃しません。私は、あなた方のことも、自分のことも攻撃するのを終わりに

します。そして、私もあなた方もみんな自由になりましょう」

⬅

5. 目を閉じて、今あなたが謝ったみなさんが全員、にっこり笑顔でいるところをイメージしながら深く深呼吸します（詳しい方法は、92ページの1～5を参照）

※吐く息と一緒に、自分の中に溜まっていた不安があなたの体の中から吐き出されて、消えていく様子を想像しましょう

※深呼吸は、自分の気持ちがスッキリする回数だけ行ってください

⬅

6. 紙を細かく破って破棄します。破った紙の破片が残らないよう注意して、小さな紙袋や封筒などに入れて捨てましょう

✦ワークスペース

＊自覚している不安な事柄（具体的に）

＊実際に、または心の中で攻撃してきた人たちの名前

例1：Mさん（30代・女性）

1．あなたが自覚している不安な事柄を具体的に書き出します

いつも漠然とした不安があって、何をしている時でも気持ちがすっかり晴れていることがなく、常に心が休まらない

2．自分に「不安なんだね」「不安でいっぱいなんだね」など、優しく声をかけます

3．あなたが今までの人生の中で、実際に、または心の中で攻撃してきた人たちを思い浮かべ、名前を書き出します

職場のOさん
道ですれ違ったおじさん
同じ電車にいた高校生
大学の先輩

4. 手順3で書き出した人たちに対して、次のように宣言します
「今まであなた方を攻撃し続けていました。ごめんなさい。もうこれからはあなた方を攻撃しません。私は、あなた方のことも、自分のことも攻撃するのを終わりにします。そして、私もあなた方もみんな自由になりましょう」

⬅

5. 目を閉じて、今あなたが謝ったみなさんが全員、にっこり笑顔でいるところをイメージしながら深く深呼吸します（詳しい方法は、92ページの1〜5を参照）
※吐く息と一緒に、自分の中に溜まっていた不安があなたの体の中から吐き出されて、消えていく様子を想像しましょう
※深呼吸は、自分の気持ちがスッキリする回数だけ行ってください

⬅

6. 紙を細かく破って破棄します。破った紙の破片が残らないよう注意して、小さな紙袋や封筒などに入れて捨てましょう

Mさんは、人前で発表しなければならないような時など、緊張すると泣き出してしまい、一言も話せなくなるかなり繊細な方でした。

彼女は常に漠然とした不安を抱えているため、その不安のもとを探っていくと、ある癖が分かりました。

それは、職場の人やすれ違う人などに対して、ちょっとでも気に入らないことがあれば、すぐに心の中でその人たちを怒鳴りつけるというもの。

Mさんにご自身の癖が不安を強めていることをお伝えすると、Mさんはすぐに心の中で人を怒鳴りつけるのをやめる決意をされました。

それから1ヶ月後、Mさんの不安は驚くほどに激減し、人前に出る場面でも、泣かずにきちんと自分の意見を発表できるようになりました。

今では自分の夢を叶えるために学校へ行き、積極的にみんなと交流して、毎日を楽しく過ごしているそうです。

＊＊＊

Mさんの事例は、いかがでしたでしょうか？

不安の原因は、潜在意識ちゃんに溜まった「攻撃思考」です。相手に対して、意識的に攻撃しても、心の中で攻撃しても、自分に攻撃しても、潜在意識ちゃんにはどんどん「攻撃思考」が溜まり、不安となって自分の目の前に現れるのです。

ぜひ、【自己肯定感を増し増しにするためのワーク】を行い、自己肯定感を上げて、不安から開放されましょう。

また、このワークが終わったら、ぜひ外に出て、自然に触れてください。日光浴をしたり、海や川などに行って足を水に浸してみたり、公園や庭で裸足になるのもオススメです。ゆっくり森を散策したり、時間が取れる方はキャンプや山登りなどをしたりするのもいいですね。

自然に触れると、人は誰でも本来の自分らしさに立ち戻ることができます。自然に触れることで、自分の自然な姿が現れやすくなるのです。

自然は、あなたの潜在意識ちゃんの本来の素晴らしさをありのままに見せてくれます。自然に触れて、あなた本来の素晴らしさを思い出すチャンスをあなた自身に与えてあげられると、自然と自己肯定感が高まります。

きっと、自然と自分を責めなくなっている自分に気づくでしょう。

自分を責めたり、攻撃しないようになれば、他人への攻撃も自動的にストップされます。つまり、他人からの攻撃もストップします。

不安の正体さえ分かってしまえば、自分を不安から解放してあげるのは、思ったよりも簡単なのです。

さあ、これからは積極的に自然に触れ合う時間をつくってみてください。驚くほど、心が軽くなりますよ。

Day 5
みんなから応援される私になる

周りの人たちを無意識で見下していませんか？

・あの人は仕事ができない
・なんで、こんなこともできないの!?
・ああいう人にはなりたくない
など、あなたは周りにいる人たちを何気なく見下していないでしょうか？

私はこのことを、**「ナチュラル見下し」**と表現しています。

私たちは、口にしないけれど、ふと心の中で周りの人たちを批判していたり、見下していることが往々にしてあります。意識的に見下している場合は、自覚があるのでまだよいのですが、ナチュラル見下しでは、無意識のうちに人を見下しているため、自分が人を見下していること自体を認識できていません。

むしろ人を見下すことには、「意地悪」や「ひどい」といった悪いイメージがあるため、自分が人を見下していることに気づきたくないのかもしれません。

人は誰でも、ネガティブな思考を持っています。これは、自然なことで、「ダメなこと」ではありません。

「周りの人たちを無意識で見下している」思考（見下し思考）に初めて気づいた方の中には、かなりショックを受ける方もいらっしゃいます。しかし、**ネガティブな自分を責めてもなんの解決にもなりません。**

それよりも、「ネガティブな思いに気づけてよかった！」と思うようにしましょう。ネガティブな思考に気づければ、これからは思考を意識的に変えることができます。その結果、突然、状況が改善されることが多くなるのです。

見下し思考を持っていると、「私はこの人よりはマシだわ」という安心感に包まれます。悲しいですが、見下し思考は自分の劣等感を埋める対処療法でもあるのです。

自分の周りに思わず見下したくなる人がいる場合、私たちの顕在意識ちゃんは「偶然、私のそばに見下したくなって当然の人がいる。これは仕方のないことだよね。だって事実なんだから」と認識します。この時、「批判」「見下す」という思考が潜在意識ちゃんに溜まるので、結局それが自分の目の前に現れること（仕事で認めてもらえない、理不尽なことが起こる、自分の価値を低く見積もられるなど）となってしまうのです。

本書では、まずは周りを無意識に見下してきた自分に気づき、それをやめ、その代わりに周りのみんなの素晴らしいところを見つけていけるようになるワークをご紹介します。

このワークを行うと、自然と周りの人たちに認められるようになったり、褒められることが増えて、さまざまなことが好転しはじめるでしょう。

職場や友達、家族、みんなから応援されるようになったり、チャンスを得る機会が訪れやすくなります。

見下し思考に気づいたら「見下し思考をやめよう」と決めることができます。この

〝決めること〟が大事で、決めるとは強く思うことでもあります。

もし、翌日になって決意が揺らいだとしても決め直せばよいのです。翌々日も決意が揺らいだら、また決め直す……。このように〝決めること〟を繰り返すうちに、潜在意識ちゃんに「見下さない」という思考が増え、現実化するようになります。

まずは毎日の生活の中で無意識に誰かを見下していないかを意識して過ごすことを心掛けましょう。するとやがて、「あ、こうやって私は人を見下していたのね」と発見できるようになります。

それでは、見下し思考に気づき、見下し思考をやめることによって、周りの人から応援されるようになるワークをご紹介しましょう。

Work 5 みんなから応援されるようになるワーク

（推奨10分）

このワークで、見下し思考に気づき、認めてあげることにより、あなたの周りの人から応援してもらえるようになります。

あなたが、毎日の生活の中で気づかないうちに人を見下してしまっていることに気づかなければ、このワークは成り立ちません。

〈用意するもの〉

・鉛筆、またはペン（何色でもＯＫ）

・Ａ４サイズの紙、またはＢ５サイズのノート

〈手順〉

1. 毎日の生活の中で、無意識のうちに誰かを見下していないかを振り返る

※手順1を日々繰り返し、ナチュラル見下しに気づけたら手順2へ進んでください

2. 手順1で、「こうやって私は人を見下していたのか」と発見できたら、見下していた人と内容を書き出す

例）会社の後輩Sさんが話しかけてきた時、ちょっと忙しくて聞こえないフリをしてしまった。自分より立場が上の人になら、絶対にそんなことはしないのになぁ……。これって、Sさんを見下しているのかも

3. 「もう見下すのはやめよう」と決意し、手順2で書き出した人に対する謝罪の言葉を書き出す

例）もう見下すのはやめよう。Sさん、ごめんなさい

4. 手順2で書き出した人の素晴らしいところや、よいところを考えて書き出す

例）Sさんはいつもみんなに笑顔で挨拶していて素敵だな

✦ワークスペース

＊見下していた人と内容

＊手順２で書き出した人に対する謝罪の言葉

もう見下すのはやめよう。「　　　　」さん、ごめんなさい。

＊手順2で書き出した人の素晴らしいところや、よいところ

＊＊＊

では、生徒さんの例をご紹介しましょう。

例1：Kさん（30代・女性）

1．毎日の生活の中で、無意識のうちに誰かを見下していないかを振り返る

⬇

2．手順1で、「こうやって私は人を見下していたのか」と発見できたら、見下していた人と内容を書き出す

職場の同僚のGさん
「仕事ができない人」というレッテルを貼っていた

⬇

3．「もう見下すのをやめよう」と決意し、手順2で書き出した人に対する謝罪の言葉を書き出す

⬇

もう見下すのをやめよう。Gさん、ごめんなさい

4．手順2で書き出した人の素晴らしいところや、よいところを考えて書き出す

・Gさんは、いつも自ら進んで会社の共有部分をきれいにしてくれている
・Gさんは、私が困っている時、気づいて声をかけてくれる
・Gさんは、会社の人間関係を円滑にしてくれている

例2：Oさん（20代・女性）

1．毎日の生活の中で、無意識のうちに誰かを見下していないかを振り返る

⬅

2．手順1で、「こうやって私は人を見下していたのか」と発見できたら、見下していた人と内容を書き出す

⬅

電車で一緒になった男性
服装が格好悪いと思った

3．「もう見下すのをやめよう」と決意し、手順2で書き出した人に対する謝罪の言葉を書き出す

⬅

もう見下すのをやめよう。電車で一緒になった男性、ごめんなさい

4．手順2で書き出した人の素晴らしいところや、よいところを考えて書き出す

・斬新な格好で、目立っていた
・こだわりのある服装をしていた

例3：Yさん（40代・女性）

1. 毎日の生活の中で、無意識のうちに誰かを見下していないかを振り返る

⬇

2. 手順1で、「こうやって私は人を見下していたのか」と発見できたら、見下していた人と内容を書き出す

親
「何でも頭ごなしに否定してくる愚かな人たちだ」と思っている

⬇

3. 「もう見下すのをやめよう」と決意し、手順2で書き出した人に対する謝罪の言葉を書き出す

もう見下すのをやめよう。お父さん、お母さん、ごめんなさい

⬇

4. 手順2で書き出した人の素晴らしいところや、よいところを考えて書き出す

・お父さんは、いつも遅くまで仕事をしてくれている
・お母さんは、いつも相談に乗ってくれる
・お父さんもお母さんも、私のことを育ててくれた

このように【みんなから応援されるようになるワーク】を行ってみると、職場や家族、著名人、全くの他人など、さまざまな人に対して、無意識のうちに見下してしまっていることが分かるのではないでしょうか？

他にも、ナチュラル見下しには、２つのパターンがあります。

１つ目は、誰かのことを「かわいそうな人だな」と思っている時、そこに見下しの気持ちがあるパターンです。

たとえば、職場でうるさく注意してくる独身の先輩に対し、

「こんなにうるさい人だからなかなか結婚できないんだ。かわいそうに」

などと思っている時、ただ「かわいそう」と思っているわけではなく、見下した気持ちを伴っています。

２つ目は、正義感です。

「あの人は間違っている。だから処罰せねば」

「あの人は正しくないから、やっつけてやる！」

など、あなたが心の中で「あなたは間違っている」と認定した人のことを見下していないでしょうか？

このように、**口に出さなくても、心の中で誰かを見下している自分に気づいてあげること**が大切です。

「見下し思考」に気づくことで、意識的に「もう見下すのはやめよう」と決めることができるようになります。その結果、やがてその思考が潜在意識ちゃんに溜まって、自分のことも、他の人も、見下さなくなります。つまり、自然と「見下し思考」をしなくなるのです。

プロローグでお話ししたように、潜在意識ちゃんは主語が分かりません（10ページ参照）。

誰かを見下すと、そのまま自分を見下している認識になります。誰かをナチュラルに見下している限り、自然と自分の自己肯定感が下がり続けるのです。そうすると、知らないうちに劣等感が増していきます。

すると、その劣等感を埋めたくて、見下す人を創り出し、その結果、自分にとって正しくない人やダメな人が目の前に現れます。そして、「私はあの人よりマシだわー」などと、悪循環にハマっていくのです。


さらに、自分の潜在意識ちゃんに「見下し思考」が溜まると、見下す相手が現れるだけでなく、あなたを見下す人も現れます。

あなたを見下す人が周りにいるということは、あなたのことを認めたり、褒めたり、応援してくれたりする人が少ないということです。つまり、なかなか自分を応援してくれる人が現れない本当の理由なのです。

物事が上手く運ぶ時は、誰かが応援してくれています。

「見下している＝自分の自己肯定感を下げまくっている」というわけなので、とにかく誰かを「見下している！」ということに気づきましょう。


また、「周りの人を絶対に見下さないぞ」と決めても、長年の思考癖で気づけばまた人を見下していたということもあります。

それでもかまいません。誰かを見下していることに気づいたら、その都度やめて、相手のよいところを見つけることを心掛けましょう。

このように、何度繰り返してもいいので、自分の見下し思考に気づき、「見下すのをやめよう」と都度都度思い直してください。常に周りの人たちを心の中で批判していたのが、やがて心の中で周りの人たちをたくさん褒めている自分に気づくことができます。

自分が周りの人たちをたくさん褒められるようになった時、次のようなことが起こります。

・周りの人たちから褒められる機会が増える
・自分のことが前よりもずっと好きになっている
・自分に自信が持てるようになっている　など

ぜひ、【みんなから応援されるようになるワーク】を行い、見下し思考を変えていきましょう。

また、今までの見下し思考によって自己肯定感が下がっているので、Ｄａｙ４でご紹介した【自己肯定感を増し増しにするためのワーク】（１０５ページ参照）も合わせて行いましょう。

特に劣等感が強いと、「今の自分ではダメなんだ」という思いが無意識に働きます。そのため、必要以上に「こうあらねば！」「こうあるべきだ！」などの思いに囚われ、常に心の中で理想の自分になれていないことを批判し、ネガティブな自分を見たくないという気持ちが働き、なかなか周りを見下している自分に気づけないのです。

ネガティブな思考があるのは自然なことで、「ダメ」なわけではありません。

あなたの幸せをあなた自身が、そのネガティブな思考で邪魔してきただけです。それに気づいてあげて、思考を変えればよいのです。

むしろ、過去のネガティブな思考が、自分の器を大きくしてくれます。

人の心の痛みが分かれば、人を裁かなくなります。やさぐれている人や、意地悪な人に出会った時、その人のことをやっつけようとは思わなくなります。その人の心の痛みが分かるからです。

そして、そのような人に遭遇した際、見下すのではなく、「一緒に変わっていこうね」と心の中で言えた時に、「自分は心から人を応援できるようになったんだな」と、自分のことがきっと好きになったり、自分のことを誇らしく思えるようになるでしょう。

こうして、**本当の自己肯定感**は育っていきます。

本当の自己肯定感とは、どんなネガティブな自分でも認めてあげられることです。ネガティブな自分はいないものとして、無理矢理ポジティブな自分をつくって自分を褒めている状態は、本当の自己肯定感が育っているとは言いがたいのです。

自分のさまざまな感情や思考に対して、「よい・悪い」などといったジャッジなしに、ありのままの自分を認めてあげられるようになれば、とても心がラクになります。

さらに、思考を変えることが容易になり、現実をコントロールできるようになっていくのです。

つまり、本当の自己肯定感は、他人からの称賛によって育つのではありません。自分や他人を見下さなくなった時、自然と育っていくのです。

誰かに応援されたかったら、まずは「周りのみんなを絶対に見下さないぞ」と決めること。あなたが見下さなければ、あなたを見下す人は現れません。

「いや、私は誰のことも見下していないですが、私は応援されないんです」という方や、「誰のことも見下してはいないのに、私は見下されています」という方は、一度本気になってナチュラル見下しをしているかどうかを探してみてください。

COLUMN★2 思考の現実化と親との関係

プロローグで少しお話ししましたが、困っていることが現実化した原因になっている思考は、０歳から６歳までに培った記憶がベースとなっています。

０歳から６歳というのは、自分１人では何もできない**親に依存してきた時代**です。この時代が思考癖に影響を与えており、100％自分の思いどおりに親が動いてくれないと、「親に愛されていない」というふうに誤認してしまうのです。

この思考癖は、とても小さい頃にインプットされています。６歳くらいまでの子どもの脳は、まだ発達途中のため複雑な思考ができません。そのため、親が子どものことを思って叱ったり、手を貸さずに自分でさせようとするなど、親の深い愛情を理解できないのです。

その結果、叱られたら「私は嫌われているんだ」と考えたり、手を貸してもらえなければ「私なんてどうでもいいんだ」などと考え、愛の思い違いをしてしまいます。

また、およそ６歳までは感情優先で脳の深部に位置する大脳辺縁系（だいのうへんえんけい）が優位になっています。

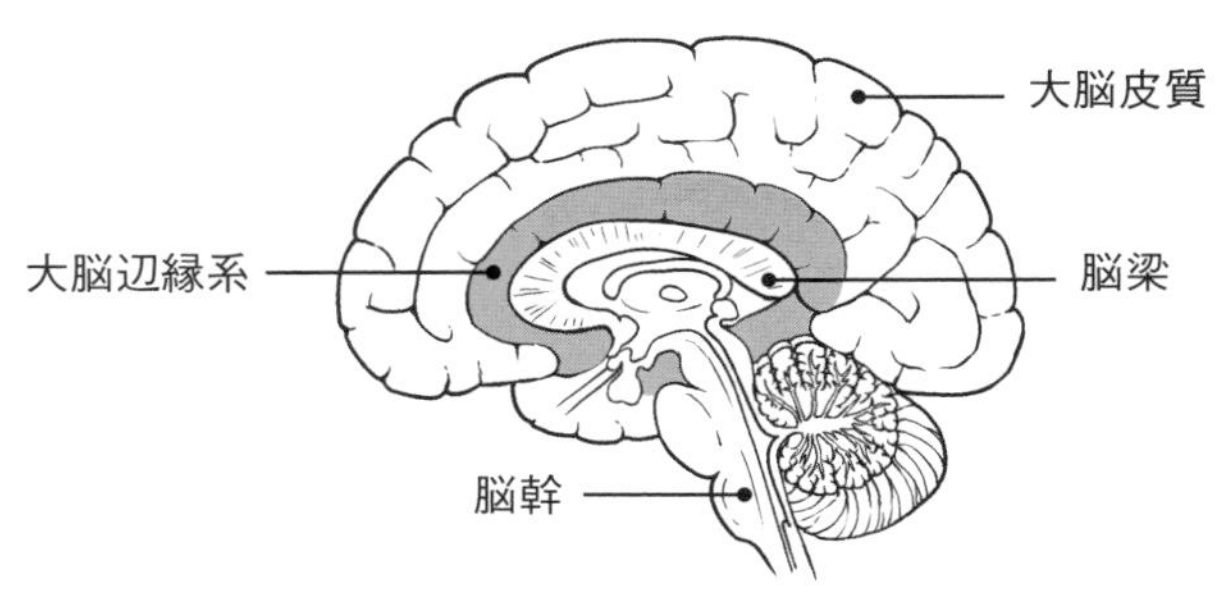

それぞれです。どの関係性も、正解や間違いといったことはありません。

「親に愛されていたこと」を思い出すのが苦痛だという方は、焦らなくて大丈夫です。Day 5までででご紹介したワークを繰り返し行い、自分の思考を変えていくことで、だんだん“親との関係”を受け入れることができるようになります。

まずは、心の片隅に「親に愛されていたのかもしれない」ということを置いておいてください。

そしていつか、「私は親に愛されていたのかな？」私が今、生きているということは、親に愛されていたからかな？」などと考えられる時が来たら、その時は自分を責めずに親に愛されてきた記憶を思い出す許可を自分に出してあげましょう。

つまり、6歳までに経験した物事や思考には、特にインパクトの強い感情を伴って潜在意識ちゃんに溜まっていくのです。

このように、6歳までの子どもの脳は未発達かつ大脳辺縁系が優位のため、「親に愛されていない」という勘違いを生み出し、年月を経ることで、さまざまなひねくれちゃんや、意地悪ちゃんといった自分を形成していくのです。

そして、どんどん自分のひねくれた思考や意地悪な思考が潜在意識ちゃんに溜まることで、あなたの目の前に、ひねくれた人や意地悪な人、裏切る人、理不尽な人など、あなたにさまざまな嫌な思いを与えてくる人を創り出します。

しかし、「親に愛されていない」という思考癖は、愛の勘違いです。この思考癖から抜け出すためには、幼少期の記憶を見直して「親に愛されていたこと」を思い出す必要があります。

あなたが祖父母や親戚、施設の方などに育てられた場合も、同様です。必ずあなたを生んでくれた親が存在していますので、育ての親ではなく生みの親について思いをはせてみましょう。

思考の学校でこのことをお伝えすると、

「それだけ！　簡単ですね」

という方がいる一方、

「私には無理です……」

と泣き出してしまう方もいらっしゃいます。

親と仲がよい方もいれば、仲良くするために我慢している方、親と絶縁状態の方、自分の幼少期の記憶に蓋をして親の記憶を消している方、親がいない方など、親との関係性は人

Day 6

マイルールを取り除いて自由になる

知らないうちに囚われているマイルール

さて、ここまではあなたの顕在意識ちゃんから潜在意識ちゃんに目を向けていただき、「現実に起こっていることは、すべて潜在意識ちゃんからのメッセージです」とお伝えしました。

しかし、潜在意識ちゃんのすべてを分かるということは不可能です。なぜなら、潜在意識ちゃんは意識の約95パーセントを占めているから。

Ｄａｙ６は、そんな潜在意識ちゃんのより深いところについてお話しましょう。

突然ですが、職場や外出先で何か嫌なことが起こった時、あなたは怒りをあらわにできるでしょうか？

おそらく、ほとんどの方が怒りの感情を押し殺してしまうでしょう。

ではなぜ、怒りを押し殺すのでしょうか？

それは、「怒り＝悪」と思い込んでいるからです。そのため、自分の怒りを認められなかったり、怒ると嫌われてしまうという恐れから、怒りを表現できなかったり……。

これが、いわゆる**「マイルール」**です。

この不要な信じ込みであるマイルールに囚われて、自分の怒りを隠すのが日常茶飯事になってしまうと、常に怒りに蓋(ふた)をしている状態になります。そんな人生、疲れるはずです。

さらに、「思考は現実化する」ので、この蓋をした怒りである「本音」が潜在意識ちゃんに溜まり、気づけばあなたの周りに現れてしまいます。そのため、顕在意識ちゃんと潜在意識ちゃんとの間にギャップが生じ、「私はこんなに慎ましく生きているのに、なんで私の周りにはこんなに怒った人が現れるの？　困る……」というふうに、悩んでしまうのです。

このことに気づけただけでも、すごくホッとしませんか？

なぜなら、今まで経験してきた数々の理不尽な思いは、**「実は理不尽じゃなかったんだ」**と分かったのですから。私は、すごく心が軽くなりました。

もうこれからは、「誰々のせい」「何々のせい」でつらい目に遭わされることはなくなります。

自分の思考を点検して、取り替えてしまえば、理不尽な現実も取り替え可能。

「誰のせいにもしなくていいんだ！」と、一気にとても清々しい気持ちになれます。


これこそが、本当の自由。

すべてが自分の選択であり、その結果が現実になるのです。

このように、今まで蓋をして押し殺していた「本音」に気づいた途端、結婚できた人や、彼氏ができた人、子どもができた人、自立できた人など、そんな人たちを今までたくさん見てきました。

自分の「本音」に気づくことができたら、自然とマイルールをやめられるのです。

たとえば、「本当は誰にも私の人生コントロールなんかされていなかったんだ！　それなのに、ずーっと、お父さんのせいだ、お母さんのせいだ、○○さんのせいだって、そんな怒りでいっぱいで、でもその怒りをはっきり表明する度胸もなくて、代わりにその人たちに対して、〝生きるのって悲しいです。つらいです〟という態度で私は怒りを表明していたんだなー。もうこれからはそんなことやめよう」と自然に思えます。

私たちは、この怒りの表明の代わりに、いろいろなことをしてしまいます。

たとえば、「私が不幸なのはお母さんが私に愛情をかけてくれなかったからだ！」の表明代わりに、メチャクチャな生活をして病気にかかったり、事件や事故を起こしたりなど、無意識的にわざと自分を不幸にしています。

また、いくつになっても、

「私は両親から充分に愛情をもらえなかったせいで性格的に歪んでいるところがある」

「幸せになる方法が分からない」

「心の傷がいまだに癒されない」

というふうに思い続けて、苦しんでいる方々もいらっしゃいます。

このような悩みを持っていらっしゃる方に、私が一貫してお伝えし続けていることは、**「あなたを苦しめて喜ぶ親は、この世にただの1人もいない」**ということです。

しかし、この件に関して非常に感情的になる方もいらっしゃいます。感情的になってしまう場合は、まだこのことに向き合う心の準備ができていないだけ。

誰にでもタイミングというのはあります。

感情的になるということは、それ自体があなたの潜在意識ちゃんからのメッセージであり、**「あなたの中にあなたの幸せをストップさせている思考（マイルール、嫉妬、攻撃思考など）があるよ。それを見直してまっすぐ幸せに向かってほしいな」**というサイン。

潜在意識ちゃんは、常にどんな時もあなたの顕在意識ちゃんと一心同体です。逃げていなくなったりしません。いつもあなたに寄り添ってくれているのです。

このようなマイルールを取り除くためには、潜在意識ちゃんと親密なコンタクトを取って、本音を掘り下げる必要があります。さらに、本音を掘り下げるためには、**「親からの愛を受け取ること」**が必須です。

なぜなら、137ページのコラムでお話ししたように、困っていることが現実化した原因になっている思考は、0歳から6歳までに培った記憶（よいことも悪いこともどんなことも）がベースとなっているからです。

特に、幼少期のネガティブな記憶は、主に親との関わりから感じますので、幼少期の記憶を見直して、「親に愛されてきたこと」を思い出す必要があります。

しかし、焦る必要はありません。「親に愛されてきたこと」を思い出すのが難しい場合は、無理に思い出す必要はありません。Day5までのワークを何度も行うことで、だんだん「私は親に愛されていたのかもしれない」と自発的に思えるようになります。ゆっくり自分のペースで、思考を変えていきましょう。

さて、ここからは本音にある**根深い信じ込み（マイルール）**を見つけていくためのワークを行いましょう。

あなたが知らないうちに「これってそういうものでしょ」と信じきっていることは何なのか、それに気づくことによって、そのマイルールに囚われた状態から自由になることができ、今までと違った、あなたが本当に望む現実を創り出せるようになります。

Work 6

潜在意識ちゃんと仲良く会話するワーク

（推奨15分）

ワークを行うことで、より一層、あなたの本音を掘り下げていきます。

今回のワークは、１人で行ってもよいですが、２人以上で行うと他の人の考えに触れることができるのでオススメです。

これはあなたがよりラクに生きていけるようになるための大切なワークですので、できるだけ正直に行ってください。

〈用意するもの〉

・鉛筆、またはペン（何色でもＯＫ）

・Ａ４サイズの紙、またはＢ５サイズのノート

※可能であれば、２人以上で行ってください

〈手順〉

1．「愛って〇〇〇だよね」と書き出します

⬇

2．手順1の〇〇〇に当てはまる言葉を考え、思いつくだけ書き出します

※いくつでもかまいませんので、すべて書き出しましょう

※できるだけ自分の本音を感じて書き出してください。正解や不正解はありません

例）愛って元気のもとだよね

愛って不確かなものだよね

愛っていつも安心を与えてくれるものだよね

愛って駆け引きだよね　など

⬇

3．手順2で書き出したものを次の3つのポイントに注意して分析します

①どんな言葉が出てきましたか？

例）愛って元気のもとだよね→ポジティブな言葉

愛って不確かなものだよね→後ろ向きなイメージの言葉
愛っていつも安心を与えてくれるものだよね→温かい言葉
愛って駆け引きだよね→あまりポジティブではない言葉　など

②言葉をいくつ書き出しましたか？

③書き出した言葉の全体の傾向はなんでしょうか？

例）ネガティブな言葉が多い
全体的に不信感が強いな　など

※たくさん言葉を書き出した方は、全体の傾向を掴みましょう

※複数名でワークした方は、全員が書き出した言葉の全体の傾向を掴みましょう

4. 手順2で書き出した言葉が、万事に波及していることに対して納得します ⬅

5. 潜在意識ちゃんに声をかけます ⬅

「潜在意識ちゃん、私はずーっと〝愛って○○○だよね〟って信じてきたことに気づかせてくれてありがとう。この決めごとを私の人生のいろんなところで見せてく

れたよね。今までありがとう。これからは、この決めごとを終わりにするね。これからは新しく、〝愛って△△△だよね〟っていう現実を創っていきたいんだ。よろしくね」

※自由に思考を取り替えて、「△△△」に言葉を入れてください

たとえば、「愛って喜びだよね」「愛って安らぎを与えてくれるよね」「愛って元気が湧いてくるよね」「愛ってじゃんじゃん湧き出てくるよね」など、あなたが心地良く感じる言葉を入れてください

※できるだけ優しく声をかけてあげましょう

✦ワークスペース

＊「愛って○○○だよね」

・愛って「　　　　　　　　」だよね

・愛って「　　　　　　　　」だよね

・愛って「　　　　　　　　」だよね

・愛って「　　　　　　　　」だよね

・愛って「　　　　　　　　」だよね

・愛って「　　　　　　　　」だよね

＊3つのポイントで分析する

①どんな言葉が出てきましたか？

②言葉をいくつ書き出しましたか？

③書き出した言葉の全体の傾向はなんですか？

＊潜在意識ちゃんにかけるセリフ

潜在意識ちゃん、私はずーっと〝愛って「　　」だよね〟って信じてきたことに気づかせてくれてありがとう。この決めごとを私の人生のいろんなところで見せてくれたよね。今までありがとう。これからは、この決めごとを終わりにするね。これからは新しく、〝愛って「　　」だよね〟っていう現実を創っていきたいんだ。よろしくね。

いかがでしたでしょうか？

このように、**「新しくこんな現実を創りたいです」**ということを、潜在意識ちゃんにしっかりインプットしていきます。声に出してワークができる環境にいらっしゃる場合は、ぜひしっかり潜在意識ちゃんに話しかけてあげてください。

【潜在意識ちゃんと仲良く会話するワーク】の手順3では、書き出した言葉の全体の傾向を分析していただきました。この傾向は、あなたの潜在意識ちゃんの大まかな状態です。

・ネガティブな言葉が多い
・ポジティブな言葉とネガティブな言葉が半々だ
・全体的に不信感が強いな
・全体的にノーテンキっぽいな

など、どういった傾向があるのかを言葉にしてみましょう。

くれぐれも、「ネガティブな傾向が強いからダメだ」「ポジティブな言葉が多そうだからよい」などとジャッジせずに、「そんな傾向なのね。分かったよー」と、ただ受け入れてあげましょう。

むしろ、ネガティブな言葉が出てきてくれたほうが、あなたが上手くいかない事柄の理由が発見しやすくなります。

また、複数名で【潜在意識ちゃんと仲良く会話するワーク】に取り組んだ際、あなたが思いつかなかった言葉を他の人が出してきたら、それはあなたの隠れた思考を表しています。

たとえば、あなたはポジティブな言葉ばかりを書き出し、他の人がネガティブな言葉をたくさん書き出した場合。

「あなたには、実は案外たくさんのネガティブな思考がありますよ」という潜在意識ちゃんからのメッセージなのです。

反対に、相手にとっては、「あなたには、実は案外たくさんのポジティブな思考がありますよ」というのメッセージ。

このことに気がつけると、あなたが見落としていた思考に気づくことができます。

すると、「あー、私はポジティブだと思い込んでいたけれど、本当はクヨクヨしている自分を見ないようにしていたんだな。だから私は、自分は積極的に仕事に取り組んでいるのに、チームの人たちが消極的で〝なんでなの？〟ってイラついていたのね。潜在意識ちゃん、気づかせてくれてありがとう」という具合に、自分が今まで解決できずにいたことの原因が分かってくるのです。

ぜひ、誰かを誘って一緒にワークに取り組んでみてください。

本音にあるネガティブな思考との向き合い方

私たちの潜在意識ちゃんには、膨大な思考が詰まっているので、ポジティブな思考もあれば、ネガティブな思考もあります。ポジティブな思考はあなたを積極的にしてくれたり、明るく前向きにしてくれるので、「ありがとう」と大切にしてください。反対に、ネガティブな思考は、そのまま放置しておくと、やさぐれはじめたり、意地悪になったりと、暴走してしまうので、しっかりケアすることが大切です。

ケアをする際、とにかく自分のネガティブな思考に気づき、認めてあげることが最も重要です。自分のネガティブな思考に対して「よい・悪い」などとジャッジせずに、「○○って思っていたんだね。そうだったんだね」と、ただ優しく自分に語りかけましょう。

ちなみに、ワークでは、「愛って○○○だよね」と書き出してもらいましたが、潜在意識ちゃんは主語が分からない（10ページ参照）ので、他のものにもくっついてしまいます。

たとえば、「愛ってなかなか信じられないよね」って書いたとします。すると、次のような主語のすり替えが行われてしまいます。

・お金ってなかなか信じられないよね
・友情ってなかなか信じられないよね
・未来ってなかなか信じられないよね
・自分自身ってなかなか信じられないよね
・世の中ってなかなか信じられないよね

このように潜在意識ちゃんにネガティブな思考が溜まると、負の連鎖を引き起こしてしまうのです。

かつての私は、「愛って私にはなかなか与えられないものだよね」と思っていました。この信じ込み（マイルール）があった時、恋愛だけでなく、金銭関係や仕事、人間関係など、すべてが行き詰まっていました。本当に苦しかった……。

このように、何気なく思ってきたことは万事に繋がっていきます。私たちは「なんとなく」信じてきたことが、自分の周りに現れ続けてきたことに、あまりにも無頓着すぎるのです。


潜在意識ちゃんは、あなたの過去の思考の集大成です。

潜在意識ちゃんに語りかけるということは、あなたの過去の思考の集大成に優しく語りかけるということであり、あなたの過去をあなた自身が癒してあげるという素晴らしい行為なのです。

あなた自身を心から大切に扱えるようになれれば、当然周りにあなたのことを心から大切に思い、大切に扱ってくれる人たちが現れます。あなたの思考があなたの現実を創っているため、自然とそうなるのです。

一見、簡単なワークかもしれませんが、あなたの人生を根底から変えてくれるすごくチカラのあるパワフルなワークです。ぜひ、じっくり取り組んでみてくださいね。知らないうちに自分を苦しめていたことに気づき、自らのチカラで自分を解放してあげましょう。

Day 7

自分に「大好き♡」って言ってみよう

「なりたい私」になれる最強の思考

ついに、ワークの最終日となりました。

Ｄａｙ７では、長年のお悩みを根本から解決されて、自分の望みどおりの毎日を送れるようになった方々に共通する、**「現実を好転させる、いちばんの鍵となった思考」**についてお話ししましょう。

きっとあなたは、「もっとこうなったらいいのにな」「こうなりたいな」などと望むことがあるから、本書を読み進めてくださったのでしょう。

私が思考の仕組みについてお話しするようになってから、さまざまな悩みを抱えた方が私のもとに来るようになりました。その中には、全く出口の見えない深い悩みを抱えられた方もたくさんいらっしゃいました。

時には、ものすごく重い悩みをお持ちの方が、腹を決めてとことんご自分の思考と向き合われたところ、あっという間に問題を解決するだけでなく、心の面や物質的な面、さまざまなことにおいて、想像以上の豊さを得られることもありました。

反対に、「特に悩みはありません」という方もいらっしゃるのですが、よく話を伺ってみると、実は親に対して心のわだかまりがあることに気づかれたり、「さほど重たい悩みはありません」という方のほうが願いが叶うのに時間がかかっていたり……。

このような「願いが叶うスピードの差」は、さまざまな要因が考えられますが、その中でも最も重要なポイントがあります。

それは、ものごとが安定して「豊か」な方向（幸せを心から感じられる状態）へ素早く好転し、さらにその豊かさが持続していくために必要な思考です。

その思考がしっかりと潜在意識ちゃんにインプットされていれば、今までのようによいことがあってもそのうち悪いことが起きてしまうような、アップダウンの激しい人生を創り出さなくなる、自分の人生を安定した楽しいものに創り変えていくことができます。

その思考とはズバリ、**大好き。**

「え、そんなこと？」と思いましたか？

いつでも真実は、本当に拍子抜けするくらいシンプルで簡単なことなのです。

もっともっと、みんながこのシンプルな真実を知って、**「簡単に幸せになる許可」**を自分に出せるようになってください。私たちは、本当にびっくりするくらい、自分を幸せにしてあげる許可を出せずにいるのです。

「大好き♡」は私のすべてを認めてくれる

ここからは、「大好き♡」という言葉が、最も願いを叶えるパワーが強い上、これから先のあなたの人生を安定して幸せで安心なものにしてくれる理由を詳しくお話ししましょう。

たとえば、あなたが大好きなこと、大好きな人、大好きな場所、大好きな食べもの、大好きな遊びなど、あなたの「大好き♡」なことを全部、紙に書き出してみてください。

さて、大好き♡を書き出していた時、あなたは自然にニヤニヤしていませんでしたか？

私たちは、大好きなことやものとかかわる時、とても元気が湧いてきて、チカラがみなぎります。誰に頼まれたわけでもいないのに、自然と積極的に行動するあなたになっていて、日頃の疲れも吹っ飛んでしまうでしょう。

たとえば、仕事の日はなかなか起きられないにもかかわらず、遊園地やデートに行く日は目覚まし時計が鳴る前に目が覚めたり、仕事が終わってから大好きなアーティストのライブに行くために、いつもは時間がかかる仕事も神的な速さでサッと処理できたり……。みなさんにも、このような経験があるかもしれません。

なぜ、「大好き♡」は、こんなにもパワフルなのでしょうか。

なぜなら、「大好き♡」には、Ｄａｙ３でご紹介した**被害者意識**（64ページ参照）が一切含まれていないから。実に積極的で、自主的な思考です。

つまり、やらされてる感が一切入り込めない世界なのです。

私たちが上手くいかない時、そこには必ず、**被害者意識**が隠されています。

この被害者意識という言葉には、インパクトがありすぎて嫌悪感を抱く方もいらっしゃるかもしれません。しかし、私はあえてこの強い言葉を使っています。

なぜなら、誰かに自分の人生の主導権を握られているという感覚が減っていけば減っていくほど、あなたの人生がどんどん自分の本当に願う方向に進んでいくからです。

その重要な鍵を握っているのが、「大好き♡」の思考。

私たちは誰もが、多少なりとも被害者意識を持っています。

・○○さんのせいで、嫌な気分にさせられている
・△△のせいで、お金が大変なんだ
・□□のせいで、毎日が苦しいんだ

など、いちいちはっきりと自覚していないかもしれませんが、知らず知らずのうちに、社会や親、パートナー、友達、職場、学校などに対して、何かしらの不満を持っていないでしょうか？

「不満を抱くことがダメ」ということではありません。ダメではなく、不満を抱いているということは、「私には変えられない」と信じている状態なのです。ぜひ、このことを知ってください。

長年抜け出せない悩みを抱えている方の潜在意識ちゃんには、共通の思考がありま す。それは、**「私には変えられない」**という思考です。

この思考が極限に達すると、親を取り替えることはできない、つまり**「好きでこの親の元に生まれてきたわけではない！」**という思考へと進化してしまいます。

しかし、思考が現実化するというルールに当てはめて考えてみると、「私が親を創り出している」と考えるのが、現実を創り変えるための必須条件となります。

私たちには、長年の思考癖があります。それは、親に依存してきた時代（特に、幼少期）があった名残で、100パーセント自分の思いどおりに親が動いてくれないと、「自分を愛してくれていない」というふうに誤認してしまう思考のことです。

137ページのコラムでお話ししたように、親が子どもの成長のためにしたことが、子どもにとってはすべて「親に愛されていない」という **〝愛の勘違い〟** として記憶されてしまいます。この思考によって形成されたさまざまなひねくれちゃんや、意地悪ちゃんといった私の潜在意識ちゃんに、どんどんひねくれた思考や意地悪な思考などが溜まり、あなたの周りに意地悪な人や裏切る人、理不尽な人など、あなたにさまざまな嫌な思いを与える人たちを創り出します。

その結果、「ほら、やっぱり世間ってひどいよね」「誰も信じられないよね」など、ますますつらい人生への悪循環を自分で生み出し続けて、その悪循環から抜け出せなくしてしまうのです。「なんて厄介なの！」と思いませんか？

しかし、人はこのような勘違いをたくさんして、心が荒れたり、悩み苦しんだり、もがいたりすることで、他人の心の痛みを知ることができます。だからこそ、人を大切にできたり、愛って何なのかを考えたり、自分が親になってようやく自分の親の深い愛情を理解したりなど、一見ネガティブな体験が時を経ると、実は自分の心を育ててくれる大切な経験だったと分かるようになります。

このように、「実は、私は最初から親に愛されていたんだ」と思えるようになった時、ようやく被害者ではなく、**自分が自分の人生の創造主**だったことに気づき、人生のハンドルを握ることができるようになるのです。

さまざまな不満がある自分を、まずはただ知ってください。

「不満がある私はダメ！」などと思う必要は、全くありません。

必要以上に自分を責めることが、どれだけ自分の幸せを阻害するのかについては、Ｄａｙ１からＤａｙ６までお話ししてきましたが、自分を責めて前に進めない時は、「新しい人生を歩みはじめる勇気」をまだ出せていない状態なのです。

本当に無意識に、私たちは「誰かのせい」「何かのせい」にして悲しむという静かな怒りの表現をすることで自分を正当化し、変わらない自分を選択し続け、表面上の安心を得ていたのです。

そんな自分のことを、心の深い部分にいる潜在意識ちゃんは分かっています。そのため、モヤモヤした気持ちを拭(ぬぐ)えずに、不完全燃焼の苦しさを抱えているのです。

時には、

・そんなことはない
・私は悪くない
・100パーセント相手が悪い

などと、強く思うこともあるでしょう。

この時、注意していただきたいのは、「誰が間違っていて誰が正しいのか」「誰が悪くて誰が悪くないのか」の答え探しの先に幸せはないということです。

私たちは、あまりにも正誤や善悪の判定、ジャッジにエネルギーを注ぎすぎており、自分の本当の幸せを見失いがちです。まずは、そこに気づいてください。

どうしようもなく理不尽なことを起こす**誰かを潜在意識ちゃんの中に設定し続ける**のか、それともどうしようもなく理不尽なことを起こした**自分の思考を変える選択をする**のか――。

これが、自分の人生に本当の幸せと自由を育めるかどうかの重要な思考の違いなのです。

つまり、自分があまり自覚のなかった不満にも気づいてあげられるように、積極的に自分の心へ目を向け、自覚のない不満に気づくたび、「あーこうやって被害者さんの雪だるまを大きくしてきたのね。潜在意識ちゃん、教えてくれてありがとう。不満に気づけてよかった。もうこれからは被害者さんをやめて、自分の人生の創造主さんにキャラ変します！」と心の中で宣言しましょう。

このように自分のネガティブな点を排除せず、優しく受け入れてあげることができるようになると、生きやすくなってくるのです。

職場の意地悪さんが優しくなったり、顔を合わせればガミガミいってた親が突然優しい言葉をかけてくれたり、はっきりしない態度だった彼が頼もしくなったり……。

あなたの周りのみんながいきいきと、優しく、笑顔が多くなってきたことにきっと気づくはずです。

それは、「潜在意識ちゃんがとってもよい状態に変わったから、あなたの現実が変わりはじめたんだよ」ということ。

それでは、「心地良い毎日が当たり前」にするため、最後にとっておきのワークをご紹介しましょう。

Work 7

大好き♡ワーク

（推奨5分）

「大好き♡」という思考は、パワフルで最もダイナミックに現実を動かしていくチカラがあります。

このワークでは、あなたの潜在意識ちゃんに「大好き♡」の思考を強烈に溜めて、無条件にハッピーな出来事を大量に創り続けます。

〈用意するもの〉

・鉛筆、またはペン（何色でもＯＫ）

・Ａ４サイズの紙、またはＢ５サイズのノート

〈手順〉

1. あなたの大好きなこと、大好きなものなど、あらゆる「大好き♡」をすべて書き出します

⬅

2. 大好き♡を書き出してみて、元気が出てきたり、ワクワクしてきたり、優しい気持ちになれたり、そんな感覚をしっかり感じます

※自分の感覚をひとつひとつ丁寧に感じてみようとする姿勢を心掛けます。そうすると、あなたの心が落ち着いてくるはずです

※書き出した大好きなことを、ひとつひとつ声に出して読み上げてみると、さらに効果的です

✦ワークスペース

＊大好きなこと・大好きなもの

どうでしょう、なんだかワクワクしてきませんか？

私たちはあまりにも自分の感覚をシャットダウンしすぎて、「こうあるべき」「こう振る舞うべき」などという思考に囚われて生きています。その結果、自分の本音かどうかが分からなくなってしまい、イライラが募る大きな原因になるのです。

【大好き♡ワーク】を行うと、どんどんあなたの中に「大好き♡」の思考が増え、あなたが「大好き！」「嬉しい！」「楽しい！」「ワクワクする！」と自動的に感じることがどんどん起こります。

そのうち自分の想像以上の嬉しいことが当たり前に起こるので、楽しみながらワークに取り組んでください。

特に、思考は寝ている時に潜在意識ちゃんへ溜まるので、眠る前の習慣としてワークに取り組むのがオススメです。自分の大好きなことを紙に書き出し、イメージしてから眠ると、よい現実を創り出すのにとても有効ですよ。

＊＊＊

ここからは、【大好き♡ワーク】が習慣化した方、つまり**いつも大好きなことをパッとイメージできるようになった方**に行っていただきたい、究極の大好きワークです。

それは、**「お父さん大好き、お母さん大好き」**という言葉を、いつでも何回でも、思いついた時に繰り返して唱えること。以上です（ご両親がご存命でない方も、さまざまな事情でご両親がどこにいるのか分からない方も、再婚などでご両親が複数名いらっしゃる方など、どのような方でもこの言葉を唱えていただいてかまいません）。

「え、これだけ？　簡単じゃん」「え、ちょっとそれは……」「ムリムリムリ……」など、さまざまな印象を持たれるでしょう。生徒さんの中には、「できません」と言って泣き出す方もいらっしゃいました。

もし、「このワークはできない」と思った場合は、無理に行う必要はありません。

今はまだ、心の底から自分を許してあげることができない自分がいるのです。お父さんやお母さんに対して素直に「大好き♡」と言えない時、必ず私たちは心の中に苦しい何かを抱えています。さまざまな思いが、あなたの心の中に渦巻いているのです。

ただ、覚えておいていただきたいのは、いつか素直に「お父さん大好き、お母さん大好き」と言えるようになった際、きっとあなたは自分のことを心の底から愛せるようになり、あなたの周りで起こっている**理不尽で苦しい現実を創り出さない**という許可を自分に出せるようになるのです。

人は誰でも、どのような過去があったとしても、本当はお父さんやお母さんを心から愛していますし、お父さんお母さんに愛されています。なぜなら、今、ここに存在しているからです。

親から愛されていなければ、あなたは存在すらしていないでしょう。誰もがみな、親から無償の愛を与えられてきたから、あなたは今、存在しているのです。

今のあなたが、お父さんとお母さんに対してどのように感じていようとも、本当はいつもあなたに対して愛しかないことを、いつかあなたは知ることになるでしょう。

それは今かもしれないですし、とても未来のことかもしれません。いつなのかは人それぞれですが、必ずみんなは両親に愛されて存在していることや、愛されていなければ存在できるはずがないことに気づく時がやってきます。

今、素直にすーっと、「お父さん大好き、お母さん大好き」と言えなくても、思えなくても、くれぐれも自分を責めないでください。

そして日々、自分の「大好き♡」をたくさん書いたり、言葉にしたりして、大好き**「今はそう思えないんだね」**と、自分の思いをただ優しく認めてあげましょう。

思考を日常生活の中で増やすことを楽しみましょう。

人にはそれぞれ、変化のペースがあります。慌てずにゆっくりと、自分の潜在意識ちゃんと仲良くなって、現実を確実に変えていきましょう。

また、葛藤なく「お父さん大好き、お母さん大好き」と言える場合は、何度も唱えてみてください。そして、「お父さん大好き、お母さん大好き」と言える自分の心の安定した感覚や、漠然としていた不安が体の中からすーっと消えていく感覚を感じてみましょう。

きっと、「私は生きていていいんだ」と感じる方もいらっしゃるでしょう。お父さんとお母さんは、あなたがこの世に存在した、まさにあなたの人生の土台です。親への愛を肯定することができると、あなたの人生を土台から丸ごと全肯定できます。「大好き♡」とは、今まで自分を苦しめ続けてきた劣等感や、親を心の中で否定してきた罪悪感など、それらが一気に吹き飛んでしまう強力な魔法の言葉なのです。

たとえば、あなたが人生の中で大きな決断をしなければならない時や、勇気が必要な時、ぜひ、「お父さん大好き、お母さん大好き」と心の中で唱えてください。きっと、「私はお父さんとお母さんの子なんだから大丈夫！」と思うことができ、スパッと決断できたり、勇気を出せるはずです。

このような思考が自然になってくると、何があってもどーんと構えていられる自分が出来上がります。

そして、今までの心許ない感覚や、自分の居場所がない感覚なども、自然と消えていくでしょう。

このような自分になれた時、あなたがふと願ったことは、次々と、軽々と、叶うようになるのです。

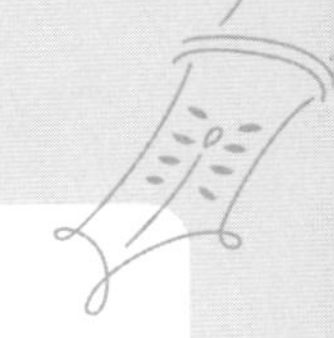

おわりに～最後の最後のワーク～

ここまでお付き合いくださり、本当にありがとうございました！
7日間のワークは、いかがでしたでしょうか？
まずは、各ワークを振り返ってみましょう。

Day1　願いが叶わない理由に気づくためのワーク
Day2　嫉妬心を手放してスムーズに思考を現実化するワーク
Day3　嫌な人があなたの味方に変わるワーク
Day4　自己肯定感を増し増しにするためのワーク
Day5　みんなから応援されるようになるワーク
Day6　潜在意識ちゃんと仲良く会話するワーク
Day7　大好き♡ワーク

ワーク前半のDay1とDay2では、あなたの潜在意識ちゃんを認識して、思考を変えるためのベースを整えるワークを行いました。そして、Day3からDay5のワークでは、あなたの目の前に現れる嫌な人やものに対する考え方を知り、嫌な人やものが目の前に現れないようにするための思考へと変えていきました。

ワーク後半のDay6とDay7は、親との関係性を見直す大切さについてお話ししましたので、「つらい……」「私には無理……」などと思われた方もいらっしゃったでしょう。そういう心の状態でも、大丈夫です。焦らず、ゆっくり思考を変えていけばいいのです。

まずは、本書でご紹介したワークを通してあなたの潜在意識ちゃんの状態を知ることが大切です。

困ったことは、すべてあなたの思考が創り出しています。あなたの思考を明らかにして、困ったことを現実化させない思考へと変えていきましょう。

＊＊＊

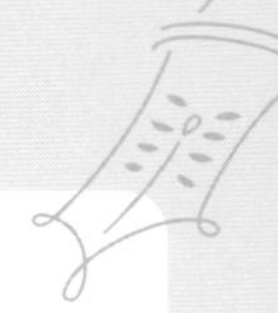

最後に、ますます願いを叶えていくためのコツをお伝えしましょう。

それは、**思い出した時に大好きなことを書き出す方法**です。

毎月、満月の日は大好きを書き出す日、なんて決めるのもオススメです。

Day7でご紹介した【大好き♡ワーク】と違う点は、

「こんなことが起きたらいいな」

「こんなものが手に入ったら最高だな」

など、あなたの**これから手に入れたい大好きなことやもの**を一緒に書き出すこと。


最後まで読んでくださったあなたは、きっと以前の自分よりも自分のことを優しく受け入れられるようになっているでしょう。

自分に優しくなれた分だけ、自分の人生に、今までより優しいことや嬉しいギフトを現実化できるあなたになっています。

もう、現実を複雑で苦しく、難しいものと信じたり、決めるのをやめて、これからは、もっと簡単に、気軽に、軽やかに、自分の望みを自分自身の思考の力を信じ、パパっと現実を創り変えましょう。

あなたの思考のチカラは、あなたが思っているよりずっとパワフルなのです！
そのことをもっと自覚して、「不幸を創るのを一切放棄します！」と、ハッキリ宣言しましょう。

それでは、私がいつも、自分に言っている魔法の言葉をみなさんにお伝えして、この7日間のワークを終わりにします。みなさんもよかったら、思い出した時に唱えてみてください。

みんな幸せになるようにできている
世界は私に優しい

著者紹介

大石洋子（おおいし・ようこ）／**宮増侑嬉**（みやます・ゆき）

一般社団法人　思考の学校　校長。

1974年、神奈川県生まれ。30歳の時に息子を授かったが、夫の仕事が忙しくワンマン子育てによって産後鬱に。出産前に自宅でしていたアロマサロンを再開したものの業務に追われ夫との関係が悪化し、離婚。人生が八方塞がりとなる。

その後、「思考が現実化」する仕組みを学び、実践した結果、スルスルと現実が良い方向へ。「思考が現実化」する仕組みを多くの人に知ってもらいたいと思い、一般社団法人　思考の学校を起ち上げる。10年以上ものカウンセリング経験に基づいたわかりやすい解説が好評となり、現在はカウンセリングと認定講師養成講座をメインに行っている。

著書に、『宇宙一ワクワクするお金の授業』（すばる舎）がある。

イラスト／大石洋子

7日間でなりたい私になれるワーク　〈検印省略〉

2021年　8　月　18　日　第　1　刷発行
2025年　1　月　5　日　第　13　刷発行

著　者――大石 洋子（おおいし・ようこ）
発行者――田賀井 弘毅

発行所――株式会社あさ出版
〒171-0022　東京都豊島区南池袋 2-9-9 第一池袋ホワイトビル 6F
電　話　03 (3983) 3225 (販売)
　　　　03 (3983) 3227 (編集)
F A X　03 (3983) 3226
U R L　http://www.asa21.com/
E-mail　info@asa21.com
印刷・製本　(株) 光邦

note　http://note.com/asapublishing/
facebook　http://www.facebook.com/asapublishing
X　http://twitter.com/asapublishing

ISBN978-4-86667-300-4 C0095